इक इक बूँद समुंदर

इक इक बूँद समुंदर

मुरली धर 'तालिब'

MANJUL

मंजुल पब्लिशिंग हाउस

MANJUL

मंजुल पब्लिशिंग हाउस

कॉरपोरेट एवं संपादकीय कार्यालय

• द्वितीय तल, उषा प्रीत कॉम्प्लेक्स, 42 मालवीय नगर, भोपाल-462 003

विक्रय एवं विपणन कार्यालय

• सी-16, सेक्टर 3, नोएडा, उत्तर प्रदेश, 201301

वेबसाइट : www.manjulindia.com

वितरण केन्द्र

अहमदाबाद, बेंगलुरू, कोच्चि, कोलकाता, चेन्नई,
हैदराबाद, मुम्बई, नई दिल्ली, पुणे

इक इक बूँद समुंदर

यह संस्करण 2026 में मंजुल पब्लिशिंग हाउस प्राइवेट लिमिटेड द्वारा प्रकाशित

यह संस्करण 2026 में पहली बार प्रकाशित

ISBN 978-93-7317-044-2

Cover image: adobe stock.com

मुद्रण व जिल्दसाज़ी : रेप्रो इंडिया लिमिटेड

रेयांश के लिए

पेश-लफ़्ज़

शाइरी का सम्बंध शऊर से है। शऊर मतलब बेदारी, दानाई, इदराक, ज्ञान, विवेक, इल्म, विद्वता। एक शाइर वो ही सब लिख सकता है जो उसके इल्म के अहाते में है। शाइर के शऊर की गहराई ही उसके कलाम की फ़िक्री और फ़न्नी गहराइयों और अज़मतों को तैय करती है। शाइर के जज़्बात और मुशाहेदात (अवलोकन) का सीधा तअल्लुक़ उसके शऊरी निज़ाम से है। इसी दायरे के अन्दर अन्दर शाइर अपना काम करता है। वो उस चीज़ के बारे में लिख ही नहीं सकता जिस के बारे में उसे मालूमात नहीं है। जैसे जैसे इंसान का इल्म, तजरुबा, शऊर, और मुशाहिदा पुख़्ता होता जाता है वैसे वैसे उसकी शायरी में भी पुख़्तगी आती जाती है।

एक आईएएस या आईपीएस जो लाखों तालीम-याफ़्ता अफ़राद के दरमियान से चुना जाने वाला एक ग़ैर-मामूली (अति विशिष्ट) दिमाग़ होता है जिसका शऊर जिसका इल्म दूसरों के मुक़ाबले कई गुना ज़्यादा होता है... वो अगर घास भी काटेगा तो उसमे एक आर्ट एक शाइस्तगी और फ़नकारी होगी। ऐसा पढ़ा लिखा और बाशऊर आदमी आर्ट के किसी भी शोबे में अपनी सलाहियत का, अपनी प्रतिभा का लोहा मनवा सकता है।

मुरलीधर तालिब ने शायरी को एक ख़्वाब की तरह जिया है। उनका ज़ौक़ और शौक़ उन्हें इस तरफ़ लाया है। वो हरियाणा के हिसार के पास मंडी आदमपुर में जन्मे हैं। और वहीं से चलते चलते ये सफ़र कोलकाता में एक नए अध्याय से जुड़ गया। वो कहते हैं कि -

''कठोर हरियाणवी भाषा के बीच उर्दू के शब्दों की कोमलता मेरे कानों को संगीत की तरह थी। मैं उसकी ओर आकर्षित होता चला गया। हालाँकि इस भाषा में महारत हासिल करने की कोशिशें नाकाम रहीं। जे. एन. यू. उर्दू विभाग के मेरे दोस्तों ने मेरी बहुत मदद की। कोलकाता में मेरा सपना पूरा होना तैय था।''

उनका पढ़ने वाला जैसे जैसे उन्हें पढ़ता जाता है एक नई दुनिया के दरवाज़े उस पर खुलते जाते है। जो व्यक्ति उन्हें नहीं भी जानता उस पर भी उनकी शख़्सियत के सारे नक़ूश (आकृतियां) वाज़ह (स्पष्ट) होते चले जाते हैं। उनकी शायरी उस दर्दमंद दिल की आवाज़ है... जहां एक का दुख सबका दुख है। जहां कोई भेदभाव नहीं। कोई दुई नहीं। कोई छोटा बड़ा नहीं। जहाँ मोहब्बत है, प्रेम है, सद्भाव है। दूसरी तरफ़ समाज में व्याप्त भ्रष्टाचार, बुराई, असमानता, भेदभाव, घृणा, द्वैश उन्हें दुखी करता है... वो उसपर उसी तीव्रता से प्रहार करते हैं जिस तीव्रता से उसका निवारण हो सकता है। उनकी ग़ज़ल अगर पढ़ने वाले को Amuse करती है तो वहीं समाज की दुखती रगों पर हाथ रखने की अपनी ज़िम्मेदारी से भी नहीं चूकती है। वो जितने प्यारे इंसान हैं उतने ही प्यारे शायर भी हैं। बाहरी दुनिया की ख़बरें तो सब के पास हैं लेकिन लोगों के दिलों में क्या चल रहा है, मनुष्य का अंतर्मन किस दुविधा से दो चार है ये आपको उनकी ग़ज़लों में दिखाई देगा। उनके वो अशआर जो मुझे बेहद पसंद हैं आप भी पढ़िए...

उसी हवा से मैं बीमार हो गया यारो
यक़ीं था जिसपे तबीयत बहाल कर देगी॥

सुना है घर से वो निकलेंगे अब अंधेरे में
कि रौशनी में तो दुनिया सवाल कर देगी॥

मैं चाहता था चरागों पे डाल दूँ फ़ानूस
किसे पता था हवा ये कमाल कर देगी॥

***

वस्ल पानी का आग से होगा
कौन सपने दिखा रहा है मुझे॥

वो मुझे ज़ह्र दे रहा है और
क अजब लुत्फ़ आ रहा है मुझे॥

मुझको उससे लिपट ही जाना है
वो जो ज़िन्दा जला रहा है मुझे॥

***

कैसे हालत अच्छे हो जाते
हम तो अहले उसूल थे साहब॥

***

हम आग बन गए तो जलाऐंगे सब दिये
पानी अगर बने तो बुझाऐंगे सब की प्यास॥

***

तितलियाँ हो गईं ज़ख़्मी कि चमन वालों ने
फूल भी अबके लगा रखे हैं तलवारों पर॥

***

मुलाज़िम की तरक़्क़ी हो रही है
मगर मजबूर होता जा रहा है॥

***

वो देर तलक अब न मेरा दोस्त रहेगा
वो जान गया मुझको ज़रुरत से ज़ियादा॥

***

ज़ब्त का इम्तिहान तब होगा
जब वो नज़दीक बैठ जाएगा॥

तुम्हें पाने की हसरत छोड़ दी है
यक़ीनन फिर तुम्हें खोने के डर से॥

***

उसकी आँखों से दिल में पहुँचा था
दूसरा रास्ता नहीं मालूम॥

***

हर इक मंज़र नज़र आता है वीराँ
नज़र ही हो गई वीरान शायद॥

सफ़र में मोड़ भी आते रहेंगे
खुलेंगे फिर नए इमकान शायद॥

***

कौन उसको संभालता होगा
जिसने सब को संभाल रक्खा है॥

***

शेर का ज़ोर आज़माते हैं
आज कुछ तहत में सुनाते हैं॥

***

इक दिन हाथ पकड़ लूँगा तन्हाई का
मेरी गली से आना जाना रहता है॥

ये वो शायरी है जो आँखों या कानों से सीधे दिल में उतर जाती है। ये जिंदगी के वो रंग हैं जिनका हमारी बीनाई से सीधा तअल्लुक़ है। ये जिंदगी और ज़मीन के रंग हैं ये सब कहानियां, ये सारे दुख दर्द, ये सारा घटनाक्रम हमारे आस पास का है। ये हमारे अंदर बाहर की दुनिया के सच्चे शेड्स हैं। यहां पल पल बनते बिगड़ते, टूटते बिखरते रिश्तों की शिकायतें भी हैं... मायूसी के अंधेरों में उम्मीद की एक किरण भी है। विचार से जज़्बे और जज़्बे से अभिव्यक्ति तक के इस पूरे सफ़र में मुरलीधर तालिब पूरी तरह कामयाब हैं। मुझे उम्मीद ही नहीं पूरा यक़ीन है कि उनकी इस किताब को उर्दू हिन्दी शेरो-अदब की दुनिया में हाथों हाथ लिया जाएगा।

–शकील जमाली
नई दिल्ली

अनुक्रम

इक इक बूँद समुंदर

1

वफ़ूर-ए-शौक़[1] में जीना मुहाल कर देगी
किसे ख़बर थी मुहब्बत ये हाल कर देगी॥

उसी हवा से मैं बीमार हो गया यारो
यक़ीं था जिस पे तबीयत बहाल कर देगी॥

नई सदी के तक़ाज़े[2] अलग हैं तू है अलग
तिरी रविश[3] तुझे ग़र्क़-ए-ज़वाल[4] कर देगी॥

ये ज़िंदगी है इसे मत क़रीब कर वरना
तमाँचे मारेगी चेहरे को लाल कर देगी॥

सुना है घर से वो निकलेंगे अब अँधेरे में
कि रोशनी में तो दुनिया सवाल कर देगी॥

मेरी नज़र के उजाले भी साथ रख लेना
वगरना शब तेरा चलना मुहाल कर देगी॥

मैं चाहता था चराग़ों पे डाल दूँ फ़ानूस[5]
किसे पता था हवा ये कमाल कर देगी॥

---

1. अत्यधिक प्रेम/ प्रेम की बहुतायत उत्कंठा 2. माँग/ आवश्यकता 3. तौर-तरीक़ा / चाल-चलन 4. पतन की गहराई में ढकेल देना 5. लैम्प की चिमनी

ग़ज़ल हमारी हो या फिर ग़ज़ल तुम्हारी हो
ग़ज़ल, ग़ज़ल जो हुई ला-ज़वाल[6] कर देगी॥

जिगर की आह भी तीशे[7] से कम नहीं 'तालिब'
ये कोह[8] में तुझे रस्ता निकाल कर देगी॥

6. अविनाशी / शाश्वत 7. कुल्हाड़ी 8. पहाड़ / पर्वत

2

मय वो ग़म की पिला रहा है मुझे
और मुसलसल[1] हँसा रहा है मुझे॥

दोस्त को फ़िक्र है कि दरिया क्यूँ
डूबने से बचा रहा है मुझे॥

तुम न मानो मगर तुम्हारा ग़म
अब तो जीना सिखा रहा है मुझे॥

आग उतरी है अब के बारिश में
क़तरा क़तरा जला रहा है मुझे॥

वस्ल पानी का आग से होगा
कौन सपने दिखा रहा है मुझे॥

वो मुझे ज़हर दे रहा है और
इक अजब लुत्फ़ आ रहा है मुझे॥

मुझको उस से लिपट ही जाना है
वो जो ज़िंदा जला रहा है मुझे॥

1. लगातार

ये मुलाक़ात आख़िरी है क्या
इतना रो कर दिखा रहा है मुझे॥

'तालिब' उस से कहो ज़बाँ से कहे
क्यूँ नज़र से सुना रहा है मुझे॥

3

हर किसी को क़ुबूल थे साहिब
जब तर-ओ-ताज़ा[1] फूल थे साहिब॥

जो सबक़ दर्सगाह[2] में सीखे
अब ये जाना फ़ुज़ूल थे साहिब॥

मेरे जज़्बात और मेरे ग़म
उस के आगे तो धूल थे साहिब॥

कैसे हालात अच्छे हो जाते
हम तो अहल-ए-उसूल[3] थे साहिब॥

वो महकते तो थे गुलाबों से
दर-हक़ीक़त[4] बबूल थे साहिब॥

मुश्क[5] थे रौनक़-ए-चमन[6] थे वो
जो भी आल-ए-रसूल[7] थे साहिब॥

चाँद तारों को ग़ौर से देखो
वक़्त-ए-रुख़्सत मलूल[8] थे साहिब॥

हमने 'तालिब' लगाए पलकों से
ख़ार[9] थे या कि फूल थे साहिब॥

---

1. बिल्कुल ताजा 2. स्कूल / पाठशाला 3. उसूलों पर चलने वाला व्यक्ति 4. अस्ल में 5. सुगंधित 6. किसी बगीचे की शान 7. पैगंबर की संतानें 8. उदास 9. काँटे

4

मेरा ग़म मेरी मुश्किल है... तेरा क्या
टूटा भी तो मेरा दिल है... तेरा क्या!!

मुंसिफ़[1] उस को फाँसी मत दे, कर दे रिहा
आख़िर वो मेरा क़ातिल है... तेरा क्या!!

उसकी आँख से टपका आसूँ दरिया है
उसके लब का चुप साहिल है... तेरा क्या!!

दोस्त है आख़िर मेरा वो भी मेरा दोस्त
दुश्मन की सफ़[2] में शामिल है... तेरा क्या!!

सूनी रातें, साग़र, मेहदी[3] की आवाज़
दीवानों की ये महफ़िल है... तेरा क्या!!

पीछे पीछे दुनिया के मैं भागूँ क्यूँ
ला-हासिल[4] मेरा हासिल है... तेरा क्या!!

मौसम की आँखों से आँसू जारी है
इसको समझाना मुश्किल है... तेरा क्या!!

---

1. न्यायाधीश / न्याय करने वाला 2. पंक्ति 3. मेहदी हसन ग़ज़ल गायक 4. निष्फल, व्यर्थ, बेनतीजा होना

मैं जो रूका हूँ, क्यूँ मैं रूका हूँ... मैं जानूँ
ये रस्ता है या मंज़िल है... तेरा क्या!!

तू ने तोड़ा ठीक किया जा ऐश में रह
मेरा दिल अब क्यूँ बिस्मिल[5] है... तेरा क्या!!

काले को भी चाँद सा गोरा कहता हूँ
उस के होंठों का वो तिल है... तेरा क्या!!

वो कुर्सी पे बैठ गया तो बैठ गया
अब क़ाबिल या ना-क़ाबिल है... तेरा क्या!!

उसको भी ´आलिम[6] बतलाया कर 'तालिब'
वो आलिम है या जाहिल[7] है... तेरा क्या!!

---

5. आहत, घायल, ज़ख्मी 6. विद्वान / पढ़ा-लिखा 7. मूर्ख

5

ऐ दोस्त किस के ग़म में हुआ इस क़दर उदास
अच्छा लगेगा तुझको कभी बैठ मेरे पास!!

दिखलाता फिर रहा है तू किस किस को ये लिबास
अंजाम सब का एक है रेश्म हो या कपास!!

इतना तो मैं भी रखता हूँ अपनी अना[1] का पास
भाती नहीं है मुझको भी तहसीन-ए-ना-शनास[2]!!

अहद-ए-हवस[3] में उनको है इंसाफ़ की तलाश
सहरा में रख रहें हैं अबस[4] पानियों की आस!!

हम आग बन गए तो जलाएँगे सब दिए
पानी अगर बने तो बुझाएँगे सब की प्यास!!

हम चीखते रहे कोई फूलों की ले ख़बर
लेकिन वहाँ तो हावी रही सब पे सब्ज़ घास!!

आते ही उसके देखे हैं मंज़र बदलते भी
रहती है शाम पहने हुए सुब्ह का लिबास!!

---

1. अहम की भावना 2. बग़ैर समझे-बूझे की गई प्रशंसा 3. ऐसा समय जिसमें लालच की प्रधानता हो 4. बिना कारण के / फ़ुज़ूल

उसने लगा लिया था लबों से कभी उसे
मैंने भी आज तक नहीं धोया है वो गिलास!!

आख़िर इसे तरक़्क़ी कहूँ या तनज़्ज़ुली[5]
बच्चे भी घर के लेने लगे हैं मेरी क्लास!!

'तालिब' तेरी ये दश्त नवर्दी[6] भी एक दिन
करने लगे न तुझ से रिहाई की इल्तिमास[7]!!

---

5. गिरावट 6. जंगल में घूमना / आवारागर्दी 7. निवेदन / प्रार्थना

6

वो शख़्स भी फ़ुज़ूल परेशान तो नहीं
दिल से निकालना हमें आसान तो नहीं!!

अब उस की दस्तरस[1] में मेरी जान तो नहीं
कमज़ोर इस क़दर मेरा ईमान तो नहीं!!

दस्तक यूँ दे रहा है दर-ए- ज़िंदगी ये कौन
फिर तिश्नगी-ए-इश्क़[2] का तूफ़ान तो नहीं!!

उतरो तो दिल में पहले अगर देखना है कुछ
ये दश्त-ए-बेकराँ[3] है प' सुनसान तो नहीं!!

तुमको मैं भूल जाऊँगा हो जाऊँगा मैं दूर
देखो तुम्हारा इसमें भी नुक़सान तो नहीं!!

इल्हाम[4] क्यूँ लगे है मेरे दिल को तेरी बात
तेरा सुख़न ही इश्क़ का विज्दान[5] तो नहीं!!

जिस तौर हूँ जहाँ भी हूँ आता है तू नज़र
हर शख़्स को नसीब ये 'इरफ़ान[6] तो नहीं!!

---

1. वश में / क़ाबू में 2. मुहब्बत की प्यास / तलब 3. अत्यधिक फैला हुआ जंगल 4. ईश्वर की वाणी / देववाणी 5. अंतर्ज्ञान / खोए हुए को पाना 6. ब्रह्मज्ञान

तुझ को चला चला के कहाँ ले के आ गया
ऐ ज़िंदगी! तू मुझ से परेशान तो नहीं!!

मैं तो मुआफ़ करने को तैयार हूँ मगर
क़ातिल किसी भी तौर पशेमान[7] तो नहीं!!

आँखों के दर-ओ-बाम में कर लीजिए तलाश
इस घर में छूटा आपका सामान तो नहीं!!

अब तो गले लगाएँगे हम इंतज़ार को
तुझ से विसाल का कोई इम्कान तो नहीं!!

बख़िया गरों[8] के फ़न को समझना मुहाल है
दामन जो लग रहा है गिरेबान तो नहीं!!

इंसाफ़ के तराज़ू! तेरी कैसी मस्लहत[9]
वो बुल-हवस[10] ही क़ाबिज़-ए-मीज़ान[11] तो नहीं!!

'तालिब' से उसने पूछा तख़ल्लुस[12] है तिरा क्या
फिर दफ़अतन[13] ये पूछा मुसलमान तो नही!!

---

7. शर्मिंदा 8. सिलाई करने वाला / दर्जी 9. विवेकशीलता 10. इच्छाओं / कामनाओं का गुलाम 11. तराज़ू पकड़ने वाला 12. उपनाम / साहित्यिक नाम 13. तुरंत / यकायक

7

रूह-ए-अल्फ़ाज़ में उतारी है
मैंने जो ज़िंदगी गुज़ारी है॥

उस परिंदे में जान है उसकी
और तअज्जुब कि ख़ुद शिकारी है॥

जीत कर भी वो सर झुकाए है
ये ही मे'राज-ए-इंकिसारी[1] है॥

उसने ज़ीना[2] बना लिया हमको
भूल उसकी नहीं हमारी है॥

मुझको कश्ती की आरज़ू ही नहीं
मौज-ए-दरिया मिरी सवारी है॥

आप को दे दिया है दिल हमने
आप की आगे जिम्मादारी है॥

सिर्फ़ कुर्सी की रट लगाता है
किस क़बीले का ये पुजारी है॥

1. विनम्रता की पराकाष्ठा 2. सीढ़ी

ये तमाशा भी देखते जाएँ
किस लिए बाज़ी हमने हारी है॥

जान तुम पर निसार कर के भी
कैसे कह दूँ ये जाँ-निसारी[3] है॥

ये ग़ज़लगोई[4] भी तिरी 'तालिब'
एक रूदाद-ए-इंकिसारी[5] है॥

---

3. निस्वार्थ समर्पण / प्राण-न्योछावर करना 4. शायरी कहने की विधा / कला 5. नम्रता का विवरण

8

जिस के दिन रात गुज़रते हों यहाँ ख़ारों पर
वो ग़ज़ल कैसे कहें फूल से रूख़सारों पर॥

बंद आँखें लिए चलते हैं तो टकराते हैं
लोग इल्ज़ाम धरा करते हैं दीवारों पर॥

तितलियाँ हों गईं ज़ख़्मी कि चमन वालों ने
फूल भी अब के लगा रक्खे हैं तलवारों पर॥

डूब जाने का जिन्हें डर है सराबों[1] में भी
अब यक़ीं कैसे हो उन क़ाफ़िला-सालारों[2] पर॥

चारासाज़ों[3] से कहीं दूर इन्हें ले जाएँ
आज फिर वक़्त बुरा आ पड़ा बीमारों पर॥

मात दुश्मन को भी दे देंगे अदाकारी में
छोड़िए काम अगर दोस्तों पे यारों पर॥

धमकियाँ मौत की देने से इन्हें क्या हासिल
रक़्स[4] करते हुए ख़ुद आ गए जो दारों[5] पर॥

---

1. मृगतृष्णा / मरीचिका 2. क़ाफ़िले के सरदार / मार्गदर्शक 3. इलाज करने वाला 4. नृत्य
5. जहाँ सूली पर लटकाया जाता है

आप की चश्म-ए-करम[6] को भी समझते हैं ये लोग
मेहरबानी न करें आप ख़ता-कारों[7] पर॥

गर्मी-ए-राह[8] से इन को न डराएँ साहिब
ये जो मज़दूर हैं सो जाते हैं अँगारों पर॥

फूल और फल की झलक ही में न रहिए 'तालिब'
आँधियों की भी नज़र पड़ती है गुलज़ारों पर॥

---

6. कृपा-दृष्टी 7. ग़लती करने वाला 8. रास्ते की परेशानियाँ

9

ये तन्हाई मिरी महफ़िल यही है
कि मेरी ज़ीस्त[1] का हासिल यही है॥

कहाँ आ पहुँचे अपनी जाँ बचाने
यही है कूचा-ए-क़ातिल[2] यही है॥

तुम्हें सोचूँ तुम्हीं पे जाँ लुटा दूँ
मेरा मक़सद मिरी मंज़िल यही है॥

जो दिल में है वो ही चेहरे पे ज़ाहिर
मिरी कमज़ोरी और मुश्किल यही है॥

हुए कुछ लोग यूँ भी ग़र्क़-ए-दरिया[3]
किसी ने कह दिया साहिल यही है॥

वरक़ माज़ी[4] का हो जाना है इकदिन
तअज्जुब है कि मुस्तक़बिल[5] यही है॥

कहीं ग़ज़लें तिरे चेहरे पे लेकिन
हुई जो रू-ब-रू नाज़िल[6] यही है॥

रुकी है रेल शहर-ए-दिल में 'तालिब'
उतर जाँ बस तिरी मंज़िल यही है॥

---

1. ज़िंदगी 2. जहाँ पर क़त्ल करने वाला रहता है। 3. दरिया में डूब जाना। 4. भूतकाल 5. भविष्य 6. प्रकट होना / उजागर होना ।

10

बहुत बेनूर होता जा रहा है
वो ग़म से दूर होता जा रहा है॥

मुलाज़िम[1] की तरक़्क़ी हो रही है
मगर मजबूर होता जा रहा है॥

दिखाओ आईना उस शख़्स को अब
बहुत मग़रूर होता जा रहा है॥

वो मुझ से दूर भागा पर हुआ क्या?
वो ख़ुद से दूर होता जा रहा है॥

वही जो नागवारा था जहाँ में
वही दस्तूर होता जा रहा है॥

इलाज-ए-ज़ख़्म[2] का अंजाम देखो
वो अब नासूर[3] होता जा रहा है॥

हुए है ख़ुश्क ख़्वाबों के समुंदर
कोई बे-नूर होता जा रहा है॥

---

1. कर्मचारी 2. ज़ख़्म की चिकित्सा 3. ऐसा घाव जो भरता नहीं है

ज़रा सी रोशनी क्या मिल गई है
चिराग़-ए-तूर[4] होता जा रहा है॥

करेगा याद गुमनामी में 'तालिब'
अभी मशहूर होता जा रहा है॥

4. ईश्वरीय रोशनी

11

अब हो गई है उन से मुहब्बत तो क्या करें
दुनिया को जिस क़दर भी हो हैरत तो क्या करें॥

महव-ए-फ़ुग़ाँ[1] है गर दिल-ए-हसरत तो क्या करें
गिरने लगी है अब ये इमारत तो क्या करें॥

लटका के तख़्ती नाम की निकला करेंगे लोग
गर चाहती है अब ये हुकूमत तो क्या करें॥

पानी हवा ज़मीन फ़लक़ हम से छीन कर
देता भी है अगरचे वो जन्नत तो क्या करें॥

कपड़े पे खाने पीने पे लब खोलने पे रोक
इस पर करें न लोग बग़ावत तो क्या करें॥

अपना ख़ुदा तो एक है और उसको छोड़ कर
हम से न हो किसी की इबादत तो क्या करें॥

मुझको दिया था ज़हर तो पीना पड़ा मुझे
उसने पिलाया कह के "है शरबत" तो क्या करें॥

'तालिब' ज़रा सा तल्ख़[2] है लहजा तो क्या हुआ
छुपती नहीं है हम से हक़ीक़त तो क्या करें॥

---

1. दर्द में डूबा हुआ 2. कड़वा / अप्रिय / कटु

12

तूफ़ान हैं या मौज-ए-सबा?[1] आप कौन हैं
ये राज़ जानता है दिया आप कौन हैं॥

देखें हैं हमने लाख अदाकार लेकिन आप
सब से अलग हैं सब से जुदा आप कौन हैं॥

हर हुक्म सर झुका के सुनूँ और चुप रहूँ
फरमाँ-रवा[2] हैं या हैं ख़ुदा आप कौन हैं॥

मज़लूम[3] उफ़ करें भी तो उस की सज़ा है सख़्त
हर ज़ुल्म आप को है रवा[4] आप कौन हैं॥

इतना नहीं है अज़्म[5] कि इंसाफ़ कर सकें
मुंसिफ़[6] बने हैं कैसे भला आप कौन हैं॥

महफ़िल में पेश अपना तआरुफ़[7] न कीजिए
लोगों को ख़ूब है ये पता आप कौन हैं॥

कल तो चराग़ इस ने बुझाया था आप का
क्यूँ रो रही है आज हवा? आप कौन हैं॥

---

1. हवा की लहरें या नरम झोंके 2. बादशाह / हुकमरान 3. पीड़ित 4. जायज़ / उचित
5. दृढ़ निश्चय होना 6. न्याय देने वाला 7. पहचान

यूँ तो बहुत थे अपने बुरे वक़्त में मगर
जिस से मिला उसी ने कहा आप कौन हैं॥

ख़ाक-ए-वतन[8] ये कहती है 'तालिब' ये उन से पूछ
क्यूँ दें हम इम्तिहान-ए-वफ़ा[9] आप कौन हैं॥

8. देश की मिट्टी 9. वफ़ादारी की परीक्षा

13

तुमने दामन भी छुड़ाया है तो चारा[1] करके,
तजरबा कैसा रहा इश्क़ दुबारा करके!!

तू कहीं और का सूरज है ये तू क्या जाने,
दिन गुज़रते हैं यहाँ कैसे गुज़ारा करके!!

तपते सहरा[2] में मुझे छोड़ के आने वालो,
लौट आया हूँ अदा शुक्र तुम्हारा करके!!

आँख थी जानिब -ए-मंज़िल मेरी दौरान-ए-सफ़र,
उसने गुमराह किया मुझ को इशारा करके!!

रात भी साथ मेरे देर तलक रोई थी,
रख दिया मैंने उन अश्कों को सितारा करके!!

ये सर-ए-शाम सितारों को भी नींद आने लगी,
अब शब-ए-कर्ब[3] कटे किस को सहारा करके!!

है सुकूँ मुझको उसे कुछ तो सुकूँ आया है,
करके 'बरबाद मुझे मेरा ख़सारा[4] करके!!

---

1. यत्न / तरकीब लगाकर 2. रेगिस्तान 3. दुःखों से भरी रात 4. नुक्सान

गर्द जो उसने उड़ाई थी क़दम से अपने,
सारे ज़र्रात[5] को रक्खा है मिनारा[6] करके!!

शर्बत-ए-इश्क़[7] पिलाने के लिए आया था,
रख दिया उसने तो मीठे को भी खारा करके!!

मौज-ओ-गिरदाब[8] की आगोश ने पाला है मुझे,
डूब ही जाता मैं कश्ती को किनारा करके!!

तू नहीं होगा किसी का भी नहीं होगा कभी,
हमने देखा है तेरा नाज़ गवारा करके!!

अब उदासी भी नहीं जाती दिल -ए -वीराँ की,
तुझ को भी देख लिया अंजुमनारा[9] करके!!

दिल को समझाया बहुत आख़िरी मौक़ा दो उसे,
आँख भी ऊब चुकी ज़िक्र तुम्हारा करके!!

बस इसी बात पे दिल ख़ुश है बहुत ख़ुश 'तालिब',
किस क़दर ख़ुश है वो नुकसान हमारा करके!!

---

5. ज़र्रे / रेत के टुकड़े 6. मिनार / ऊँची ईमारत 7. प्रेम की शर्बत 8. लहर और भंवर
9. महफ़िल की शोभा बढ़ाने वाली

14

मैं तो बसद[1] ख़ुलूस[2] दर-ए-यार तक गया
ज़ीना[3] बना के मुझको वो मीनार तक गया!!

सुनते हैं उस का हाथ भी शामिल है क़त्ल में
जो रात को दवा लिए बीमार तक गया!!

ऐ ज़िंदगी करूँ न शिकायत तो क्या करूँ
तुझसे निबाहने में तो घर-बार तक गया!!

वो बैठ कर सफ़ीने[4] में इस पार आ गया
जिसके लिए मैं तैर के उस पार तक गया!!

उसको भी मेरी आँख में आया न कुछ नज़र
उसका भी ध्यान नम हुई दीवार तक गया!!

ख़ुशियाँ, सुकून, चैन के लम्हे ख़रीदने
नादान आदमी था जो बाज़ार तक गया!!

हर सम्त जाँ फ़रोशों[5] का उमड़ा था इक हुजूम
'तालिब' जो मर्द था वो सर-ए-दार[6] तक गया!!

---

1. के साथ 2. वफ़ादारी 3. सीढ़ी 4. जहाज 5. जान लुटाने वाले 6. सूली पर चढ़ने के लिए वेदी तक

15

ऊँचे महलों के ख़्यालों में नहीं आएँगे
ज़िंदगी! अब तेरी बातों में नहीं आएँगे!!

ज़हन-ओ-दिल के कई कमरों को भी ख़ाली कर ले
ख़्वाब इतने हैं कि आँखों में नहीं आएँगे!!

जो सितारे तेरे काँधों को हिलाते थे कभी
अब जगाने तुझे रातों में नहीं आएँगे!!

ये तेरा हुस्न ये आवाज़ ये अंदाज़ ये नाज़
आँख वाले तो सराबों[1] में नहीं आएँगे!!

जिन उजालों को किसी ज़ोम[2] में दुत्कार दिया
लौट कर आप की राहों में नहीं आएँगे!!

मुझ को पढ़ना ही अगर है तो क़रीब आ के पढ़ो
मेरे अहवाल[3] निसाबों[4] में नहीं आएँगे!!

उसने करवाया वही जो नहीं करना था कभी
अब कभी इश्क़ की बातों में नहीं आएँगे!!

---

1. मरीचिका 2. घमंड 3. हालात 4. पाठयक्रम

हम को मालूम है आदाब[5] जुदा होने के
अश्क बन कर कभी आँखों में नहीं आएँगे!!

हम वो ख़ेमें[6] जो मुहब्बत में बँधें मूसा[7] की
हम तो फ़िरऔनी[8] तनाबों[9] में नहीं आएँगे!!

आज 'तालिब' ये ग़ज़ल आई है कहने तुझ से
ज़ख़्म इतने मेरे शेरों में नहीं आएँगे!!

---

5. तरीक़े / ढंग 6. दल 7. हज़रत मूसा 8. पैगंबर मूसा के समय में मिस्र का क्रूर शासक
9. तंबू

16

ख़त्म होने को सफ़र और तू अब आया है
सामने है मेरा घर और तू अब आया है!!

देर तक तकता रहा राह में तन्हाई को
पड़ गई धुंधली नज़र और तू अब आया है!!

तू ने की देर बहुत वो तो मुहाफ़िज[1] ले उड़े
बाग़ के सारे समर[2], और तू अब आया है!!

शब-परस्तों[3] ने वो अंधेर मचाया है ख़ुर्शीद[4]
कब तुझे दी थी ख़बर और तू अब आया है!!

मौसम-ए-गुल[5] ये बता जा के छुपा था कहाँ
गिर चुका ज़र्द[6] शजर[7] और तू अब आया है!!

ज़हर तो फैल चुका जिस्म में ऐ चारागर अब
ख़त्म है अपना सफ़र ...और तू अब आया है!!

मुंतज़िर[8] चाँद रहा तेरा प' तू 'तालिब'
शब गई आई सहर[9] और तू अब आया है!!

---

1. हिफाज़त करने वाले 2.फल 3. रात को चाहने वाले / रात के तरफ़दार 4. सूरज 5. मौसम में खिलने वाला फूल 6. पीला पड़ा हुआ 7. पेड़ 8. इंतिज़ार में 9. सुब्ह

17

ऐ ख़ाब! कम ये तेरी इनायत[1] नहीं हुई
आँखों से अब भी तुझ को मुहब्बत नहीं हुई!!

तूफ़ान बन के सीने में करती है तोड़ फोड़
आँखों से एक बूँद जो रूख़सत नहीं हुई!!

ऐ आफ़त-ए-जाँ![2] आ तू ये ही देखने को आ
तुझ से बिछुड़ के दिल को अज़िय्यत[3] नहीं हुई!!

उसने बढ़ाए हाथ, झिझक कर मैं रह गया
ये बुज़दिली हुई ये शराफ़त नहीं हुई!!

सोचा यही है वक़्त सुना दूँ ख़री ख़री
वो पास ही खड़ा था तबीयत नहीं हुई!!

आता नहीं कभी किसी मे'मार[4] को नज़र
दिल के मकाँ की कब से मुरम्मत नहीं हुई!!

तू क़ुव्वत-ए-ख़रीद[5] से बाहर है ज़िंदगी
मुझ से कभी अदा तेरी क़ीमत नहीं हुई!!

'तालिब' ख़ुदा की देन है ये फ़न्न-ए-शायरी
कैसे कहूँ ख़ुदा तिरी रहमत नहीं हुई!!

---

1. कृपा 2. जान की मुसीबत 3. तकलीफ़ 4. मुरम्मत करने वाला 5. खरीदने की शक्ति

18

वादा करके मुकर गया वो भी
यानी दुनिया से डर गया वो भी!!

जुस्तजू ख़्वाब अश्क उम्मीदें
मेरी आँखों में धर गया वो भी!!

जिस की ख़ातिर जुनून था मुझमें
अब न जाने किधर गया वो भी!!

रेल में सोता छोड़ कर मुझ को
मुस्तक़र[1] पर उतर गया वो भी!!

कौन मंज़र[2] यहाँ मुनज़्ज़म[3] था
जो बचा था बिख़र गया वो भी!!

क़ाफ़िले माल के गए थे जिधर
पीछे पीछे उधर गया वो भी!!

नींद राहत सुकूँ गुरेज़ाँ[4] हैं
दिल को वीरान कर गया वो भी!!

1. प्लेटफार्म 2. नज़ारा 3. स्थायी 4. बचकर निकल जाने वाला

मुझ में तब्दीली आई है कुछ कुछ
थोड़ा थोड़ा सुधर गया वो भी!!

एक लंबा पहाड़ जैसा था
वक़्त अपना गुज़र गया वो भी!!

कर के ख़ुश्बू अता तुझे 'तालिब'
हाय अफ़्सोस! मर गया वो भी!!

19

ये ज़मीं क्या आसमाँ क्या ज़र्रा ज़र्रा चल पड़े
सम्त-ए-कू-ए-हक़[1] ख़ुदाया ये ज़माना चल पड़े॥

मैं तो उसकी जुस्तजू में यूँ अकेला चल पड़ा
रोशनी की खोज में जैसे अँधेरा चल पड़े॥

प्यास उसकी ही बुझे पहले जो प्यासा हो बहुत
मोड़ ले दरिया भी रूख़ अब सम्त-ए-सहरा[2] चल पड़े॥

ये ख़मोशी ये उदासी कब तलक ऐ ज़िंदगी
अपनी आँखें खोल दे शायद नज़ारा चल पड़े॥

बेहिसी[3] की बर्फ़ का दरिया रवाँ[4] हो जाएगा
हक़[5] का सूरज निकले तो दिल का सफ़ीना चल पड़े॥

कितने तूफ़ानों से टकराएँ? कहाँ तक हम चलें?
जब कभी नज़दीक पहुँचें तो किनारा चल पड़े॥

ख़स्ता-जाँ[6] 'तालिब' से दामन क्यूँ छुड़ाते हैं जनाब
कौन जाने किस घड़ी ये खोटा सिक्का चल पड़े॥

---

1. सच्चाई के मार्ग की ओर 2. रेगिस्तान की तरफ़ 3. बेहोशी 4. बहता हुआ 5. सच
6. दु:खी जान

20

हासिल न हुआ उनको भी तुरबत[1] से ज़ियादा
मग़रूर थे जो लोग भी दौलत से ज़ियादा!!

नज़दीक न इतना भी किसी शख़्स के जाना
दम घुटता है रिश्तों का भी क़ुर्बत[2] से ज़ियादा!!

वो देर तलक अब न मिरा दोस्त रहेगा
वो जान गया मुझ को ज़रूरत से ज़ियादा!!

डाला जो लु'आब[3] उसने कुआँ हो गया मीठा
शीरीन[4] ज़बाँ उसकी थी शरबत से ज़ियादा!!

अच्छा ये हुआ उसने मुहब्बत ही तो माँगी
हम दे भी कहाँ सकते मुहब्बत से ज़ियादा!!

तुम ख़्वाब के महलों में क़दम-रंजा[5] तो फ़रमाओ
आएगा मज़ा तुमको हक़ीक़त से ज़ियादा!!

ठोकर भी तो खाते हैं वही लोग ही अक्सर
जो दाम[6] में आ जाते हैं सूरत से ज़ियादा!!

'तालिब' का मकाँ गरचे ये मिट्टी का है लेकिन
आएगा सुकूँ आपको जन्नत से ज़ियादा!!

---

1. समाधि / मकबरा / क़ब्र 2. नज़दीक 3. लार 4. मीठा 5. क़दम रखना 6. झाँसे

21

आईना और क्या दिखाएगा
है जो ज़ाहिर नज़र वो आएगा॥

ज़ब्त[1] का इम्तिहान तब होगा
जब वो नज़दीक बैठ जाएगा॥

मैं निकल कर गले लगा लूँगा
वो मिरी क़ब्र पर जो आएगा॥

जो बुलंदी पे मुझ को लाया है
जानता हूँ वो ही गिराएगा॥

मर गया मैं अभी कि ज़िंदा हूँ
तू ही छूकर मुझे बताएगा॥

फ़ोन मत काटना कि ऐसे में
दिल का तारा भी डूब जाएगा॥

दिल परेशान है चटाई पर
चाँद को किस तरह बिठाएगा॥

1. धैर्य

बस यही तो निज़ाम-ए-हस्ती[2] है
एक आया है एक जाएगा॥

यार, दिलबर, कि जान-ए-जाँ 'तालिब'
किस लक़ब[3] से उसे बुलाएगा॥

---

2. जीवन-विधान 3. नाम

22

बाग़ जो देखभाल करते हैं
अब वही पाएमाल[1] करते हैं॥

उन का शेवा[2] नहीं कि दें वो जवाब
वो जो सब से सवाल करते हैं॥

उन की बातें उरूज[3] की बातें
काराबोर-ए-ज़वाल करते हैं॥

वो पस-ए-पुश्त[4] फूँकते हैं मकाँ
सामने जो मलाल करते हैं॥

जिन को जीने का ढ़ब नहीं आता
सब का जीना मुहाल करते हैं॥

आप रोने मुझे नहीं देते
मेरा कितना ख़्याल करते हैं॥

हैं जो मोहताज[5] ख़ुद उसी डर के
उन से क्यूँ अर्ज़-ए-हाल[6] करते हैं॥

---

1. पाँव से कुचलना 2. तरीक़ा / ढंग 3. उत्थान / तरक़्क़ी 4. पतन का काम 5. आश्रित 6. हाल सुनाना

इश्क़ का वज्द[7] देखिए उस दम
जब क़लंदर धमाल करते हैं॥

एक शायर को देर में 'तालिब'
दर्द-ओ-ग़म ला-जवाल[8] करते हैं॥

7. ख़ुशी / दीवानगी 8. अनश्वर / अविनाशी

23

ख़ुश उसके साथ आप रहें हम को छोड़ कर
ला कर जो दे दे चाँद सितारे भी तोड़ कर॥

आईना ये जो टूटा तो जुड़ना नहीं कभी
देखा है हमने दिल को कई बार जोड़ कर॥

उन में न ज़िंदगी की रमक़[1] है न हौसला
क्या फ़ायदा है मुर्दा दिलों को झिंझोड़ कर॥

आहों के इस हुजूम[2] में इक आह ऐसी हो
रख दे जो आसमान-ओ-ज़मीं को निचोड़ कर॥

मैंने तो कर्ज़ दे अज़ीज़[3] अपने खो दिए
वो पास से गुज़रते हैं मुँह अपना मोड़ कर॥

दरिया को मैंने मुँह न लगाया बस इस लिए
अब सामने खड़ा है मेरे हाथ जोड़ कर॥

ज़ुल्मत[4] के मारो ग़म न करो आह न भरो
हम लाएँगे उजाला भी सूरज निचोड़ कर॥

दीवार-ओ-दर क़फ़स[5] के बहुत सख़्त हैं अगर
'तालिब' न कीजे तजरबा सर अपना फोड़ कर॥

---

1. ज़िंदगी की लहर 2. भीड़ 3. प्यारे / रिश्तेदार 4. अंधकार 5. कारावास / पिंजरा

24

दरिया 'उबूर[1] कीजिए मौज-ए-बला[2] के साथ
साहिल पे कश्ती छोड़िए अब ना-ख़ुदा के साथ॥

उस टिमटिमाती शम्आ से कह दो ये कान में
अच्छी नहीं है आँख-मिचौली हवा के साथ॥

अंगुली पकड़ के साथ चला हूँ मैं उम्र भर
जीना अना[3] के साथ है मरना अना के साथ॥

जो बे-अमल[4] हैं आप तो आँसू भी क्या करें
तदबीर[5] कुछ तो चाहिए वाइज़[6] दुआ के साथ॥

तुमने दरीचे[7] खोल के रक्खे तो हैं मगर
आँधी न घुस पड़े कहीं बाद-ए-सबा[8] के साथ॥

वादों की रोशनी भी कहीं जा के छुप गई
कैसी ये तीरगी[9] है हर इक रहनुमा[10] के साथ॥

शिकवा शिकायतों से मेरे कान भर गए
बैठा मैं पल दो पल जो किसी आशना[11] के साथ॥

वो ख़्वाब भी उजालों से 'तालिब' तो कम नहीं
मैं दूर आ गया हूँ बहुत उस ज़िया[12] के साथ॥

---

1. पार करना 2. आपत्तियों की लहरें 3. अभिमान 4. अकर्मण्य 5. तरकीब / उपाय 6. धर्मोपदेशक 7. खिड़की 8. ताज़ा हवा 9. अंधेरा 10. ठीक रास्ता बताने वाला 11. जान-पहचान वाला 12. प्रकाश

25

जो बिखरा है संजोने की है ख़्वाहिश
मुकम्मल[1] फिर से होने की है ख़्वाहिश॥

कहीं अब हो न जाए ख़ुश्क दरिया
मुझे तलवे भिगोने की है ख़्वाहिश॥

मुझे तूफ़ान से लड़ने का नश्शा
उसे कश्ती डुबोने की है ख़्वाहिश॥

अभी है वक़्त नंगे पाँव हूँ मैं
अगर काँटे चुभोने की है ख़्वाहिश॥

न जाने अब भी क्यूँ मुझ से लिपट कर
उसे इक बार रोने की है ख़्वाहिश॥

वो आकर इस मकाँ को घर भी कर दे
कि दिल को घर भी होने की है ख़्वाहिश॥

मेरा वीरान दिल बंजर बहुत है
तुम्हें क्यूँ बीज बोने की है ख़्वाहिश॥

1. संपूर्ण / पूरा

तुझे ऐ ज़िंदगी पहचानता हूँ
किसे अब बोझ ढोने की है ख़्वाहिश॥

मुक़द्दर की सदा तब्अ’[2] रहेगी
तुझे होने न होने की है ख़्वाहिश॥

सुना है मरहला[3] मुश्किल बहुत है
अगर इंसान होने की है ख़्वाहिश॥

ग़ज़ल के एक ही कूज़े[4] में ‘तालिब’
समंदर को समोने[5] की है ख़्वाहिश॥

---

2. क़िस्मत का जो स्वभाव / मिज़ाज है वो वही रहेगा 3. गंतव्य / पड़ाव / मंजिल
4. घड़ा / मिट्टी का बरतन 5. समेट लेना

26

अगरचे टूट जाएगा यक़ीनन
ये दरपन सच दिखाएगा यक़ीनन॥

मिरे अतराफ़[1] सन्नाटा बहुत है
कोई तूफ़ान आएगा यक़ीनन॥

ख़बर सबको है लेकिन डर नहीं है
जो आया है वो जाएगा यक़ीनन॥

मिरी हर बात पे हँसने लगा है
मुझे अब वो रूलाएगा यक़ीनन॥

हवा को भी समझता है वो लेकिन
चिराग़ों को जलाएगा यक़ीनन॥

सहम जाता हूँ इक झूटा कहे जब
कि अच्छा वक़्त आएगा यक़ीनन॥

हुई है शाम उस पर घर में तन्हा
ये जंगल अब रुलाएगा यक़ीनन॥

---

1. चारो तरफ़

सितम का ज़ोर बढ़ता जा रहा है
वो आँसू भी बहाएगा यक़ीनन॥

बनाया जिसको चौकीदार घर का
वही सामाँ चुराएगा यक़ीनन॥

उदासी से लबालब[2] जाम-ए-दिल है
ग़ज़ल 'तालिब' सुनाएगा यक़ीनन॥

---

2. भरा हुआ

27

मिरा सामान रफ़्ता रफ़्ता अपना कर लिया उसने
हुआ मेहमान जिस दिन घर पे क़ब्ज़ा कर लिया उसने॥

उसे क़तरे से दरिया करने में मैं हो गया ख़ाली
लगी जब प्यास मुझको तो किनारा कर लिया उसने॥

है शर्मिंदा हवा भी ख़ैर देर आयद दुरुस्त आयद
बुझा कर मुझ को आख़िरकार तौबा कर लिया उसने॥

मिरा दुश्मन था जैसा दोस्त भी वैसा ही निकला है
मुनाफ़ा भी मिरे नुक़साँ में पैदा कर लिया उसने॥

मिरा घर फूँक कर आख़िर बहाए अश्क क्यूँ इतने
ख़ुशी मुझको है अपने घर उजाला कर लिया उसने॥

मिरा सब कुछ उसी के नाम से मंसूब था लेकिन
मिरे अश्कों की दौलत से गुज़ारा कर लिया उसने॥

सिमट कर रह गया आख़िर न वो भी एक मुट्ठी में
गुमाँ जिसको था मुट्ठी में ज़माना कर लिया उसने॥

मलाल अब तक मुझे इस बात का होता है ऐ 'तालिब'
मिरी ख़ातिर भला क्यूँ ख़ुद को तन्हा कर लिया उसने॥

28

जो क़तरे में छुपा है वो समुंदर देखना होगा
हमें हर शख़्स के अंदर उतर कर देखना होगा॥

तक़ाज़ा[1] है कि पसमंज़र[2] का मंज़र देखना होगा
लहू को देखने के क़ब्ल[3] ख़ंजर देखना होगा॥

हमारे सामने दुश्मन हमारे पीछे हैं अहबाब[4]
कहाँ से आ रहा है पहले नश्तर[5] देखना होगा॥

सफ़र में, कारवाँ के साथ हैं लेकिन नज़र रक्खें
किधर ले जा रहा है हमको रहबर[6] देखना होगा॥

के मज़दूरों को कैसे नींद आ जाती है राहों पर
किसी दिन आज़मा कर वो भी बिस्तर देखना होगा॥

कहाँ ले आई है ये आगही[7] मुझको ये लगता है
हद-ए-इदराक़[8] से आगे निकल कर देखना होगा॥

किसी ने फ़ैज़ की नज़्में सुना दी हैं इसे 'तालिब'
रहेगा क़ैद में कब तक कबूतर देखना होगा॥

---

1. ज़रूरत / आवश्यकता 2. पृष्ठभूमि / भूमिका 3. पहले 4. दोस्त 5. तीर 6. राह दिखाने वाला 7. समझ-बूझ / जानकारी 8. हमारी समझ की सीमा

29

जब किसी का मकान जलता है
क़हक़हा[1] किस तरह निकलता है॥

बाप से रौशनी है बच्चों को
वो भी सूरज की तरह जलता है॥

ज़ख़्म लगते हैं ज़ख़्म भरते हैं
ज़ख़्म को ज़ख़्म ही निगलता है॥

फ़ायदा हो न हो बुझाने में
आँधियों को चराग़ खलता है॥

कैसे देखूँ सुकून से उसको
ख़्वाब आँखों में भी उछलता है॥

हर बदन मोम है जो धीमी सी
वक़्त की आँच में पिघलता है॥

माल-ओ-ज़र[2] की हवस वो मंज़िल है
जो गुज़रता है वो फिसलता है॥

---

1. ठहाका मार कर हँसना 2. धन-दौलत

दिन से पूछो वो ख़ुद बताएगा
रात से किस तरह निकलता है॥

दिल के होते हुए त'अज्जुब है
अश्क आँखों से क्यूँ निकलता है॥

उसको संजीदगी से मत लेना
वो तो बस कूदता उछलता है॥

मुस्कुरा कर जलाया था तुमने
अब तलक वो चराग़ जलता है!!

उसकी बातों में आना मत 'तालिब'
बात पर बात जो बदलता है॥

30

ज़र्रा ज़र्रा मेरे रस्ते का दिया हो जाता
हम सफ़र काश कि वो शख़्स मिरा हो जाता॥

कुछ तसल्ली तो कभी दिल को मेरे मिल जाती
सब गिले शिकवे सुना कर वो जुदा हो जाता॥

मैं नहीं तो कोई मिल जाता मेरे जैसा तुझे
बस ज़रूरत के मुताबिक़ जो तिरा हो जाता॥

मैं किसी दर का भी पत्थर न हुआ अच्छा हुआ
वरना अब तक तो ज़माने का ख़ुदा हो जाता॥

अपने दीवान को आँखों से लगाता मैं भी
एक भी शेर अगर 'बाँग-ए-दरा'[1] हो जाता॥

अपनी मर्ज़ी से हर इक काम किया है उसने
मो'जिज़ा[2] होता अगर मेरा कहा हो जाता॥

फ़िक्र-ए-'तालिब' तो 'इबारत[3] है पुराने ग़म की
किस तरह शेर भला उस से नया हो जाता॥

1. अल्लामा इक़बाल की ऊर्दू कविताओं का संग्रह 2. चमत्कार 3. आलेख / दिल की बात / लिखावट

31

अपना जीना मुहाल कर लेगा
उस की बातों का गर असर लेगा॥

कारवाँ कौन सी डगर लेगा
फ़ैसला कब ये राहबर[1] लेगा॥

आप कश्ती डुबोने आए हैं
ना-ख़ुदा[2] ख़ुद ये काम कर लेगा॥

मुस्कुराता है देख कर मुझ को
मेरे दिल की वो अब ख़बर लेगा॥

जाल फेंको न, तुम को देखा तो
ख़ुद परिंदा ही पर कतर लेगा॥

पेड़ बन कर रहो ज़माने में
शाख़ कोई, कोई समर लेगा॥

नींद आई तुम्हें तो सो जाओ
ख़्वाब बाँहों में तुम को भर लेगा॥

---

1. रास्ता दिखाने वाला 2. कश्ती चलाने वाला

आज क़स्दन[3] कहीं पे छुप जाऊँ
कौन देखूँ मेरी ख़बर लेगा॥

उसके पास एक प्याला है ऐसा
वो समुंदर को जिस में भर लेगा॥

मैं ख़ज़ाना नहीं जिसे 'तालिब'
ये जहाँ अपनी ओर कर लेगा॥

3. जानबूझकर

32

जिसके आने से बज़्म महकी है
वो मेरी जान उर्दू जैसी है॥

हम-सफ़र यूँ तो है मेरा दरिया
तिश्नगी[1] साथ साथ चलती है॥

तुम हो ओझल तो आँख की नद्दी
एक अरसे से ख़ुश्क रहती है॥

मेरे काँधे पे रख के सर दुनिया
सच कहूँ? सारी रात सोती है॥

जब हवा गाँव से नहीं आती
शहर की साँस फूल जाती है॥

सब की धड़कन भी चुप ज़बाँ भी चुप
जिस गली से भी वो गुज़रती है॥

'मीर'-ओ-'ग़ालिब' कि 'फ़ैज़' हो 'तालिब'
जो ग़ज़ल का ग़ज़ल भी उसकी है॥

1. प्यास

33

है शाम आख़िरी न सवेरा है आख़िरी
कैसे कहूँ ये खेल तमाशा है आख़िरी॥

उस से फ़रेब खाने की लज़्ज़त[1] न पूछिए
ग़मगीन हूँ कि उसका ये धोका है आख़िरी॥

मक्तूब[2] के आ जाने से रौशन है अपना दिल
वैसे सलाम उस ने तो लिक्खा है आख़िरी॥

जिस से मिलो अदब से मिलो क्या तुम्हें ख़बर
इस ज़िंदगी का कौन सा लम्हा है आख़िरी॥

नश्शा हरेक जाम का होता है दो-गुना
जब भी वो मुझको दे के ये कहता है - "आख़िरी"॥

है क्या जुनूँ सवार कि नादान दिल मिरा
आग़ाज़-ए-जोर[3] ही को समझता है आख़िरी॥

अब ज़िंदगी न माँग ले 'तालिब' ब-वक़्त-ए-मर्ग[4]
दे क्या हिसाब तुझ पे निकलता है आख़िरी॥

---

1. मज़ा / आनंद / सुख 2. ख़त 3. बल-प्रयोग की शुरूआत 4. मृत्यु के समय

34

वो रू-ब-रू है और हूँ गुम-सुम मैं क्या करूँ
दरिया-ए-दिल में उफ़ ये तलातुम[1] मैं क्या करूँ॥

इस में कोई क़ुसूर ख़ुशी का भी तो नहीं
टिकता नहीं लबों पे तबस्सुम[2] मैं क्या करूँ॥

तन्हाईयों को शोर सुनाऊँ मैं कब तलक
ये गीत ये ग़ज़ल ये तरन्नुम मैं क्या करूँ॥

हूँ जुगनूओं की रौशनी से मुतमईन[3] बहुत
तुम ही बताओ ये मह-ओ-अंजुम[4] मैं क्या करूँ॥

रौशन मिरा वजूद है मेरे वक़ार[5] से
ख़ुद को पराई रौशनी में गुम मैं क्या करूँ॥

दुनिया ये जानती है कि अब मर चुका हूँ मैं
ईसा पुकार उट्ठे अगर क़ुम[6] मैं क्या करूँ॥

छोटों से या बड़ों से तख़ातुब[7] में आप है
आता नहीं लबों पे मेरे 'तुम' मैं क्या करूँ॥

---

1. तूफ़ान 2. मुस्कान 3. निश्चिंत / जिसे इत्मीनान हो 4. चाँद-सितारे 5. प्रतिष्ठा / मान-मर्यादा 6. वे शब्द जिनके उच्चारण से मृत जीवित हो उठे 7. एक दूसरे से बात-चीत

मौजों से खेलना मिरी क़िस्मत में है लिखा
खाता नहीं हूँ ख़ौफ़-ए-तलातुम[8] मैं क्या करूँ॥

सुक़रात मैं तो हूँ नहीं पर पी रहा हूँ ज़हर
शरबत है उसका तर्ज़-ए-तकल्लुम[9] मैं क्या करूँ॥

'तालिब' किसी का हुक़्म तो सुनता नहीं कभी
लेकिन वो उसका हुस्न-ए-तहक्कुम[10] मैं क्या करूँ॥

8. तूफान का डर 9. बात करने का लहजा 10. हुस्न की हुकूमत / हुक्म

35

सीने में अपने कर्ब-ए-मुसलसल[1] लिए हुए
ठहरा हुआ था बहर भी हलचल लिए हुए॥

साहिल का ख़्वाब है न तलब है न आरज़ू
ऐ मौज! मुझ को अब तो कहीं चल लिए हुए॥

किस शहर में रख आए परिंदा ये देखिए
ये उड़ रहा है चोंच में जंगल लिए हुए॥

उस ने सरों पे सब के मसाइल[2] खड़े किए
जिस पर गुमां था आया है ये हल लिए हुए॥

तालाब ने आवाज़ दी आ मुझ से तो गुज़र
फिर ये खुला कि वो भी था दलदल लिए हुए॥

आया नहीं जो कल वो ख़ुदा जाने क्या हुआ
आया है आज बीता हुआ कल लिए हुए॥

इक शम्आ बुझ गई तो ये हंगामा क्यूँ हुआ
रोता हूँ दिल को हुज़्न-ए-मुसलसल[3] लिए हुए॥

'तालिब' ये अहल-ए-फ़िक्र-ओ-नज़र[4] से सजी है बज़्म
आना यहाँ ग़ज़ल भी मुकम्मल लिए हुए॥

---

1. लगातार दु:ख 2. मुसीबत 3. लगातार दु:ख की परिस्थिति 4. दूरदर्शी और बुद्धिमान लोग

36

किसी दरिया में तुम जितने भी पत्थर फेंक सकते हो
ज़ियादा उस से कुछ तुम मेरे उपर फेंक सकते हो॥

तुम्हारे काम जब तक आ सकूँ तुम साथ में रखना
हुआ बेकार जिस दिन घर से बाहर फेंक सकते हो॥

पहन कर घूमते हैं अब तो रहज़न[1] शहर के सारे
सुनो इमानदारो! तुम ये खद्दर फेंक सकते हो॥

बड़े ही शौक़ से तुम ने मेरे दिल को सँभाला है
तुम्हें हक़ है जहाँ चाहो ये गौहर[2] फेंक सकते हो॥

मेरी ख़्वाहिश है फेंकूँ फूल गुज़रो तुम जहाँ से भी
इजाज़त है तुम्हें तुम मुझ पे नश्तर[3] फेंक सकते हो॥

मुहब्बत का लिए पैग़ाम आया हूँ तो डर कैसा
तुम अपने हाथों से पिस्तोल ख़ंजर फेंक सकते हो॥

मेरी आँखों में उसने अपनी आँखें डाल कर बोला
सुनो ऐसा करो मीना-ओ-साग़र[4] फेंक सकते हो॥

1. लुटेरे 2. मोती 3. तीर 4. प्याला और जाम जिनमें शराब दी जाती है

मैं अपनी हर अना[5] के बाम-ओ-दर[6] को तोड़ सकता हूँ
अगर तुम ज़ोम[7] के अपने जवाहर[8] फेंक सकते हो॥

नमी सब सोख लेता है मिरा दामन यहाँ 'तालिब'
उठाई है जो सर पर दुख की गागर[9] फेंक सकते हो॥

5. अभिमान 6. छत और दरवाज़ा 7. घमंड 8. हीरे 9. घड़ा

37

अब ये तूफ़ान मुहब्बत का उठा कर देखें
इस समुंदर को भी दरिया में गिरा कर देखें॥

ये ज़मीं भी मुझे दिखती है फ़लक[1] की मानिंद[2]
आप को शक है? मेरे पास तो आ कर देखें॥

खेल बच्चों का नहीं बार[3] उठाना इसका
इश्क़ का बोझ बस इक बार उठा कर देखें॥

जिस्म मिट्टी के सिवा कुछ भी नहीं कुछ भी नहीं
ख़ाक को ख़ाक के पर्दे से हटा कर देखें॥

एक जुगनू भी तो ख़ुर्शीद[4] नज़र आता है
रौशनी चाँद सितारों की बुझा कर देखें॥

उन ग़रीबों के मसीहा से कोई ये तो कहे
मुफ़लिसी[5] के कभी नज़दीक तो जा कर देखें॥

आप बाहर नहीं आ सकते धुएँ से 'तालिब'
उस की यादों का कोई पेड़ जला कर देखे॥

---

1. आसमान 2. की तरह 3. भार 4. सूरज 5. गरीबी

38

सभी से मिल रहा है मुस्कुरा कर
ये आईना कहीं रख दो उठा कर॥

हक़ीक़त में तो वो वैसा नहीं है
उसे देखो ज़रा नज़दीक जा कर॥

कहीं पर रूक गई गुज़री कहीं से
हवा भी चल रही है बच बचा कर॥

बढ़ी जब रात में सर्दी अचानक
तो सेंके हाथ उसके ख़त जला कर॥

ये सातों आसमाँ ये माह-ओ-अंजुम[1]
क़लम के दोश[2] पर रख लो उठा कर॥

कहें कैसे हम उस आँधी को आँधी
जो रो पड़ती चिराग़ों को बुझा कर॥

वफ़ा की लत भी ऐसी लत है 'तालिब'
नहीं जाती है जिस हद तक दवा कर॥

1. चाँद-सितारे 2. कंधा

39

बिछुड़ के तुझ से मुझे कुछ हुआ नहीं कैसे
कि जाँ निकल तो गई मैं मरा नहीं कैसे॥

उन आँधियों की निगाहें फटी हैं हैरत से
कि इस दरख़्त का पत्ता हिला नहीं कैसे॥

ख़मोशियों की सदा है तो फिर सबब क्या है
किसी ने फिर मिरा क़िस्सा सुना नहीं कैसे॥

ज़रूर आँखों पे उस की थी दूर की ऐनक
मैं रू-ब-रू था उसे फिर दिखा नहीं कैसे॥

ये सोच कर ही मिरे दिल में टीस उट्ठी है
वो मेरा हो के भी मेरा हुआ नहीं कैसे॥

ख़िज़ाँ[1] भी क्या कोई इन बारिशों में बरसी है
किसी शजर पे भी सब्ज़ा[2] बचा नहीं कैसे॥

बस एक बात मेरी नागवार[3] थी उसको
मैं उस के कहने पे बैठा-उठा नहीं कैसे॥

---

1. पतझड़ 2. हरियाली 3. ना मुनासिब

मैं उस से इश्क़ का इज़हार करने वाला था
समझ न पाया करूँ इस की इब्तिदा कैसे॥

बहुत से दोस्त हैं नाराज़ इस लिए 'तालिब'
कि मैंने हाँ में हाँ उन की किया नहीं कैसे॥

40

मैंने माना थी बहुत मुझ से मुहब्बत उसको
खेंच कर हाथ कहाँ ले गई दौलत उसको॥

या-ख़ुदा आँख में दरिया का तमव्वुज[1] भर दे
मेरे अश्कों से अगर मिलती है राहत उसको॥

वो मुझे छोड़ भी सकता है किसी भी लमहा
मैंने इस की भी दे दी है इजाज़त उसको॥

एक तन्हा मैं नहीं जिसका कि दिल तोड़ा है
अब तो इस काम में हासिल है महारत[2] उसको॥

नाज़-बरदारी[3] न कर बेटे की इस दर्जा कहीं
देख नाकारा[4] बना दे न मुहब्बत उसको॥

ज़िंदगी से कोई शिकवा न शिकायत है मुझे
बे-तकल्लुफ़[5] है सितम की भी इजाज़त उसको॥

जिस से अहवाल[6] सुनाने के लिए आए हो
दूर से छू के तो गुज़री हो मुरव्वत[7] उसको॥

---

1. हलचल 2. निपुणता 3. नाज़ उठाना 4. बेकार 5. नि:संकोच 6. हाल 7. इंसानियत

झूट को झूट सर-ए-आम वो कह देता है
डाल ही दे न मुसीबत में ये आदत उसको॥

आह तक करता नहीं दश्त-ए-बला[8] में 'तालिब'
ख़ुल्द[9] में रह के भी रहती है शिकायत उसको॥

---

8. कठिनाईयों / मुसीबतों के जंगल में 9. स्वर्ग

41

कभी तस्वीर के बेजान पैकर[1] से निकल आओ
गले आ कर लगा लो हब्स[2] के घर से निकल आओ॥

मुहब्बत के लिए सब बंदिशों को तोड़ देते हैं
हम इस घर से निकलते हैं तुम उस घर से निकल आओ॥

मुझे ग़र्क़ाब[3] कर देना हरीफ़ों[4] तुम लब-ए-साहिल[5]
मगर पहले इसी कश्ती के अंदर से निकल आओ॥

तुम्हें उम्मीद से तकती हैं ये मज़लूम[6] की आँखें
सुनो ऐ रहनुमाओ[7]! अब तो खद्दर से निकल आओ॥

तक़ाज़े[8] वक़्त के हैं क्या? समझ जाओगे तुम इक दिन
अगर तुम ऐश के मीना-ओ-साग़र[9] से निकल आओ॥

अँधेरा ही अँधेरा है जहाँ तक जाती है नज़रें
मेरी क़िस्मत के सूरज! अब तो चादर से निकल आओ॥

गली में इस लिए भी मैं खड़ा रहता हूँ पहरों तक
मेरी तक़दीर कब जागे कि तुम घर से निकल आओ॥

हक़ीक़त के मुसाफ़िर हो उलझ बैठे कहाँ 'तालिब'
अभी है वक़्त अफ़सानों के लश्कर[10] से निकल आओ॥

---

1. आकृति 2. घुटन 3. डुबो देना / गहरा पानी 4. दुश्मन 5. किनारे पर 6. जिस पर ज़ुल्म हुआ हो 7. पथ-प्रदर्शक / नेता 8. ज़रूरत 9. शराब का प्याला 10. सेना / फ़ौज

42

उस हुस्न-ए-बेहिजाब[1] से हम लोग डर गए
इक रू-ए-माहताब[2] से हम लोग डर गए!!

कुछ शौक़-ए-बे-हिसाब[3] से हम लोग डर गए
कुछ इश्क़ के अज़ाब[4] से हम लोग डर गए!!

ज़ख़्मी हुए हैं हाथ यूँ फूलों के शौक़ में
गुलशन के हर गुलाब से हम लोग डर गए!!

दरिया तलक तो ले गई तिश्ना लबी मगर
मौजों के इज़्तिराब[5] से हम लोग डर गए!!

अच्छे दिनों का ज़िक्र भी आया है जिन में अब
ऐसे हरेक ख़ाब से हम लोग डर गए!!

हैं सफ़-ब-सफ़[6] हवादिस-ओ-गिरदाब[7] अपने साथ
हस्ती के पेच-ओ-ताब[8] से हम लोग डर गए!!

साक़ी ने काफ़ी ग़ौर से देखा हमें है आज
मयख़ाने में शराब से हम लोग डर गए!!

---

1. बिना घुंघट के 2. चाँद जैसा चेहरा 3. बेशुमार लगाव / इश्क़ / लगन / रूचि 4. मुसीबत 5. उथल-पुथल 6. एक के बाद एक क़तार में 7. तूफान और भंवर 8. कशमकश / बेचैनी

अल्फ़ाज़ ने तो बदले हैं इस तरह पैरहन
इक लफ़्ज़-ए-कामयाब[9] से हम लोग डर गए!!

जब से सुना है फिर वो ही बैठेगा तख़्त पर
उस हुस्न-ए-इंतिख़ाब[10] से हम लोग डर गए!!

'तालिब' सवाल करने की हिम्मत न हो सकी
उस के हर इक जवाब से हम लोग डर गए!!

---

9. कामयाबी का अर्थ 10. श्रेष्ठ हुस्न

43

जो अपना है तुम्हारा कर रहा हूँ
इसी बा'इस[1] गुज़ारा कर रहा हूँ॥

तुम्हीं तुम हो कोई दूजा नहीं है
लो दिल को पारा पारा कर रहा हूँ॥

ये शरबत ज़हर है पर तेरी ख़ातिर
इसे पीना गवारा कर रहा हूँ॥

तिरी यादों का इक झोंका है जिस को
सफ़र का इस्तिआरा[2] कर रहा हूँ॥

मैं अपने शीशा-ए-जाँ[3] के 'अक़ब[4] से
ज़रा धुंधला नज़ारा कर रहा हूँ॥

वो कश्ती डूब जाएगी यक़ीनन
बहुत वाज़ेह[5] इशारा कर रहा हूँ॥

दिया है हौसला फिर उस ने मुझ को
मुहब्बत मैं दोबारा कर रहा हूँ॥

1. कारण / सबब 2. रूपक 3. हृदय 4. पीछे से 5. स्पष्ट

तअज्जुब है मुनाफ़ा हो रहा है
ख़ुद अपना जब ख़सारा[6] कर रहा हूँ॥

तुम्हारे पीछे अब कोई नहीं है
सो अब पीछा तुम्हारा कर रहा हूँ॥

तुम्हारे गाँव का पानी है मीठा
उसे आँखों से खारा कर रहा हूँ॥

सुनो ऐ चाँद! है ये मेरा शेवा[7]
तुम्हें आँखों का तारा कर रहा हूँ॥

मेरे दुश्मन की ख़ातिर मैं भी 'तालिब'
दुआ-ए-इस्तिखारा[8] कर रहा हूँ॥

---

6. नुक़सान 7. तरीक़ा / शैली / स्वभाव 8. जिस दुआ में सही और ग़लत में चुनने ईश्वर से प्रार्थना की जाए

44

ऐसा नहीं अकेले में रोया नहीं वो शख़्स
लेकिन किसी के सामने टूटा नहीं वो शख़्स॥

दुनिया ने उसके बारे में क्या कुछ नहीं कहा
उस से मिले तो जाना कि वैसा नहीं वो शख़्स॥

मसरूफ़[1] इस क़दर है कि मत पूछिए जनाब
मुद्दत हुई कि ख़ुद से भी मिलता नहीं वो शख़्स॥

जिस दिन से उसकी याद का साबुन लगा लिया
दीवानगी तो देखो नहाया नहीं वो शख़्स॥

वो इक गुनाह भी उसे इतना अज़ीज़ है
अब दूसरा गुनाह भी करता नहीं वो शख़्स॥

आँखें ये कह रही हैं अधूरे हैं उसके ख़्वाब
चेहरा बता रहा है कि सोया नहीं वो शख़्स॥

जब वो नहीं किसी का तो रोना है किस लिए
तेरा नहीं वो शख़्स कि मेरा नहीं वो शख़्स॥

'तालिब' थी हौसलों की भी पतवार उसके पास
कश्ती के डूबने से भी डूबा नहीं वो शख़्स॥

---

1. व्यस्त

45

आया वो मेरे शहर में मिल कर नहीं गया
दीदार[1] का तालिब[2] तो अभी मर नहीं गया॥

क्या जाने क्या वो सोच समझ कर नहीं गया
जिस सम्त कारवाँ गया रहबर[3] नहीं गया॥

तख़्ती[4] पे था न आएँ इजाज़त लिए बग़ैर
बाहर से लौट आया मैं अंदर नहीं गया॥

परचम[5] बुलंद होगा सदाक़त[6] का रूक ज़रा
बाज़ू अभी कटे हैं अभी सर नहीं गया॥

तू ने कहीं का रक्खा नहीं फिर भी अब तलक
ऐ इश्क़ तुझ से दिल मेरा क्यूँ भर नहीं गया॥

चेहरा है गुल का ज़र्द[7] तो समझो ज़रा ये दर्द
भँवरा गया क़रीब से छू कर नहीं गया॥

उस तिश्ना-लब[8] में ख़ास कोई बात है ज़रूर
प्यासे के पास यूँ ही समंदर नहीं गया॥

---

1. दर्शन 2. चाहने वाला 3. राह दिखाने वाला 4. काठ की बनी पट्टी 5. झंडा 6. सच्चाई / ईमानदारी 7. पीला पड़ना 8. प्यासे होंठ

संदल[9] गुलाब[10] मुश्क चमन-दर-चमन[11] यहाँ
है कौन तुझ से फ़ैज़[12] जो पाकर नहीं गया॥

मैं इंतज़ार में रहा बैठा तमाम रात
लेकिन अभी सुब्ह का लश्कर[13] नहीं गया॥

'तालिब' तुम्हें कहेगा कोई किस तरह से क़ैस[14]
तुम को तो मारा एक भी पत्थर नहीं गया॥

---

9. चंदन 10. इत्र / सुगंध 11. सारे बाग़ों में 12. फ़ायदा / लाभ / बरकत / मेहरबानी 13. फ़ौज / सेना 14. मजनूँ

46

तुमने तो अश्कों का लश्कर[1] देखा है
हमने हर क़तरे में समुंदर देखा है॥

तारों की क़ुर्बत[2] से पहुँची कब राहत
सूरज से भी हाथ मिला कर देखा है॥

वीरानी और कर्ब-ए-मुसलसल[3] ही पाया
जिस ने झाँक के मेरे अंदर देखा है॥

अब भी मुझ को नींद नहीं आती शब भर
लेकिन उस ख़्वाब को अक्सर देखा है॥

उस को जब से देखा फिर हम यूँ खोए
पस-मंज़र[4] देखा है न मंज़र देखा है॥

अपना उस से ख़्वाब के जैसा रिश्ता है
हम ने तो उस चाँद को छू कर देखा है॥

क़िस्मत का भी खेल निराला है 'तालिब'
अनपढ़ के हाथों में पॉवर देखा है॥

---

1. फ़ौज / सेना 2. नज़दीकियाँ 3. लगातार कष्ठ होना 4. पृष्ठभूमि / भूमिका

47

बहुत गहरा है रिश्ता तिश्नगी[1] से
ये ही हासिल हुआ है ज़िंदगी से॥

नज़र हरगिज़ न सूरज से मिलाना
कि हो जाओगे अँधे रोशनी से॥

हक़ीक़त है कि अब लेना पड़ेगा
ख़िरद[2] को मशवरा दीवानगी से॥

वो ही इक ख़्वाब जो देखा था हम ने
तमाम आँखें मुनव्वर[3] हैं उसी से॥

इलाज-ए-ग़म इलाज-ए-ग़म नहीं है
हुआ बीमार मैं चारागरी से॥

बिल-आख़िर[4] आज सारे दश्त-ओ-सहरा[5]
परेशाँ हैं मिरी आवारगी से॥

अना की धूप अब तो छोड़ पीछा
हम आजिज़[6] हैं तिरी दरियादिली से॥

1. प्यास 2. बुद्धि / विवेक 3. प्रकाशमय 4. आख़िरकार 5. जंगल और रेगिस्तान 6. तंग होना

कोई कुछ है तो है अपनी जगह है
मिज़ाज अपना नहीं मिलता किसी से॥

बहुत मरग़ूब[7] मत रख ज़िंदगी को
टपकता तुर्श[8] है इस चाशनी से॥

समुंदर को बड़ा था ज़ोम[9] अब क्यूँ
है शर्मिंदा मिरी तिश्ना लबी से॥

छिड़कता है वो ज़ख़्मों पर नमक भी
बहुत ही इंकसारी[10] आजज़ी[11] से॥

वो सो जाती है मुझ को क्यूँ जगा कर
शिकायत है ये ही बस चाँदनी से॥

वो दीवानी तो है "हाफ़ी"[12] की 'तालिब'
उसे क्या लेना तेरी शायरी से॥

---

7. आकर्षक 8. खट्टापन / कड़वाहट 9. घमंड 10. विनम्रता 11. दीनता 12. मारूफ़ शायर तहज़ीब हाफ़ी

48

तेज़ है धूप और इसी डर से
लोग निकले नहीं अभी घर से॥

अब तअल्लुक़[1] भी तोड़ा है ऐसे
धूल झाड़ी हो जैसे चादर से॥

ख़ून बोले न बोले ऐ क़ातिल
बू तिरी आ रही है ख़ंजर से॥

एक सहरा है मुतमईन[2] मुझ में
इक समुंदर जो प्यास को तरसे॥

बाप से कहती है बहुत ख़ुश है
मार खा कर भी लाख शौहर[3] से॥

लोग आँखें चुराने लगते हैं
मेरे अहवाल[4] भी हैं शायर से॥

उस को मैं ख़ुश दिखाई दूँ 'तालिब'
जब भी देखें वो मुझ को बाहर से॥

1. संबंध 2. इत्मिनान होना 3. पतिदेव 4. हालात

49

हमारे जिस्म ओ जाँ में क्या मिलेगा
रगों में ख़ून भी सूखा मिलेगा॥

ये ही दस्तूर है दुनिया का यारो
किया जैसा है बस वैसा मिलेगा॥

यक़ीं के साथ कह सकती हो क्या तुम
तुम्हें हम से कोई अच्छा मिलेगा॥

हमें उस से हुआ है इश्क़ देखो
सिला[1] अब जो भी है मिलना, मिलेगा॥

लिबास-ओ-रंग से उजला बहुत है
वो अंदर से मगर मैला मिलेगा॥

तजस्सुस[2] है अगर मंज़िल की तुझ को
तेरे अंदर तुझे रस्ता मिलेगा॥

कुएँ हैं पास जिस के सौ सौ देखो
वो ही उस गाँव में प्यासा मिलेगा॥

---

1. ईनआम 2. तलाश

हमारी आँख के दरिया में जानाँ
सफ़ीना ख़्वाब का डूबा मिलेगा॥

बजे हैं रात के दस और 'तालिब'
अभी दफ़्तर ही में बैठा मिलेगा॥

50

मेरे अह्वाल[1] से घबरा गए क्या
पसीने को पसीने आ गए क्या॥

भरी बरसात में ये अंधे बादल
मेरे घर तिश्नगी बरसा गए क्या॥

हुआ क्या फूल से चेहरे को आख़िर
ज़रा सी धूप में मुरझा गए क्या॥

ये ख़ाली बेंच? ये वीरान गुलशन?
मुहब्बत से सभी उकता गए क्या॥

जमी है गर्द[2] ही आँखों में शायद
या अब के ख़्वाब ही धुंधला गए क्या॥

हमें ठुकराने वाले क्यूँ हैं तन्हा
बुरे दिन उन के भी अब आ गए क्या॥

मुहब्बत की जो नदियाँ बह रही थीं
सियासत[3] के समुंदर खा गए क्या॥

1. हालात 2. मिट्टी 3. राजनीति

ये तो अंजाम का आग़ाज़[4] ही है
अभी से इस क़दर घबरा गए क्या॥

चले हो रहबरों[5] के नाज़ उठाने
मियाँ 'तालिब' अरे पगला गए क्या॥

4. शुरूआत 5. नेता / रास्ता दिखाने वाले

51

अंदर फ़रेब है यहाँ बाहर फ़रेब है
ये गुफ़्तगू-ए-आलम-ए-दीगर[1] फ़रेब है॥

ऐ ज़िंदगी समझने लगा हूँ तेरी अदा
हल्की सी भी हँसी तेरे लब पर फ़रेब है॥

ज़ुल्मत[2] ने रोशनी का लिबादा[3] पहन लिया
यानी यहाँ पे जो है मुनव्वर[4] फ़रेब है॥

क्यूँ फ़िक्र मुझ को हो तू जलाए या बुझाए
तेरा चराग़-ए-वादा ऐ दिलबर फ़रेब है॥

आँखें तो सिर्फ़ आँखें हैं तेरी हों या मेरी
बस देखना है कौन सा मंज़र फ़रेब है॥

ऐनक बदल के देखना दिन है या रात है
यारो ये मंज़र-ए-मह-ओ-अख़्तर[5] फ़रेब है॥

जैसे उसे फ़रेब-ए- मुहब्बत का था यक़ीं
किस दर्जा मुस्कुराया वो खा कर फ़रेब है॥

---

1. दूसरे जहान / दुनिया की बातें 2. अंधेरा 3. चादर 4. रौशन 5. चाँद और सितारों का नज़ारा

मायूसियों का एक समुंदर है ये हवस
देखा है मैंने ख़ुद को डुबो कर, फ़रेब है॥

तुमने मदारियों का भी देखा कभी है खेल?
रक्खा है जो गर्दन पे वो ख़ंजर, फ़रेब है॥

इतना तो सोचो शब में निकलता भी है ख़ुर्शीद?
जो सामने है धूप का लश्कर, फ़रेब है॥

'तालिब' सराब[6] की सेहर अंगेज़ियाँ[7] तो देख
आता है जो नज़र वो समंदर फ़रेब है॥

---

6. मृगतृष्णा 7. जादू-सा असर करने वाली बातें

52

दबा के सीने में राज़-ए-निहां[1] लिए फिरिए
ज़मीं को दोश[2] पे ता-आसमाँ[3] लिए फिरिए॥

नज़र में अश्क जिगर में धुआँ लिए फिरिए
किया है इश्क़ तो आतिश-फ़शाँ[4] लिए फिरिए॥

ये रौनक़ें ये मज़े एक उम्र तक और फिर
ये ख़द्द-ओ-ख़ाल[5] के वीराँ मकाँ लिए फिरिए॥

कहा था किस ने उसे ज़िंदगी बना लीजे
अब उस की याद यहाँ से वहाँ लिए फिरिए॥

कहाँ से हुक्म चला आए अब कि कूच करो
तो अपने साथ भी इक आशियाँ लिए फिरिए॥

वो मेरे ज़ख़्मों पे मरहम रखेंगे कैसे भला
जो चाहते हैं कि दर्द-ओ-फ़ुग़ाँ[6] लिए फिरिए॥

फ़रेब -ए-शौक़[7] भी कुछ चाहिए यक़ीन करें
रहेगी दिल में हरारत[8] धुआँ लिए फिरिए॥

---

1. छुपा हुआ रहस्य 2. कँधा 3. आसमान तक 4. ज्वालामुखी 5. शरीर-हाड़ और चमड़ी का बना 6. दर्द और आह 7. चाहत का धोका 8. गर्मी / तपिश

जहाँ में कौन है जिस पर हो ऐतबार मगर
बे-ऐतबारी को आख़िर कहाँ लिए फिरिए॥

अजीब दौर ये आया कि घर के अंदर भी
हथेलियों ही पे अब अपनी जाँ लिए फिरिए॥

सभी को अपनी पड़ी है किसी की कौन सुने
छुपा के दिल ही में 'तालिब' फ़ुग़ाँ लिए फिरिए॥

53

ऐसा नहीं कि फूलों की हसरत नहीं रही
उलझा हूँ ख़ार-ज़ारों[1] में, फ़ुरसत नहीं रही॥

रूख़सत हुआ वो, उलफ़तें रूख़सत हुईं तमाम
दिल में नज़र में अब कोई चाहत नहीं रही॥

अफ़सोस वक़्त ने उसे संजीदा[2] कर दिया
अब है मलाल उसमें शरारत नहीं रही॥

अब पीठ पर जगह न रही ज़ख़्म खा सकूँ
सीने पे वार की उसे हिम्मत नहीं रही॥

दुनिया को उसने ज़ीस्त[3] का हासिल समझ लिया
मालूम जिस को इस की हक़ीक़त नहीं रही॥

तेरा ख़्याल दिल से जो निकला तो यूँ लगा
जैसे कि सल्तनत पे हुकूमत नहीं रही॥

पाबंद नज़्म क़ैद से आज़ाद क्या हुई
इस सिन्फ़-ए-शायरी[4] में तो दिक़्क़त नहीं रही॥

'तालिब' तू अपनी दश्तनवर्दी[5] में है मगन
अच्छा है तुझ को शहर से रग़बत[6] नहीं रही॥

---

1. काँटो से भरी ज़मीन / झाड़ी 2. गंभीर 3. जीवन 4. शायरी की विधा 5. रेगिस्तान में भटकना 6. चाह / लगाव

54

ग़म से आरास्ता[1] ये दुनिया भी
है ये दुनिया तो क्या ये दुनिया भी॥

मिसल-ए-शबनम[2] बुझेगा सूरज भी
होगी इक दिन फ़ना ये दुनिया भी॥

आरज़ू के ग़ुबारे तोड़ेगी
भर के इक दिन हवा ये दुनिया भी॥

रह के दुनिया में तक[3] न दुनिया को
दे चुकी मशवरा ये दुनिया भी॥

ये ज़मीं आसमाँ हैं दम भर को
आती जाती हवा ये दुनिया भी॥

हम गुनहगार अब छुपें तो कहाँ
बन गई पारसा[4] ये दुनिया भी॥

मैं तो अब तक समझ नहीं पाया
ज़हर है या दवा है दुनिया भी॥

---

1. सजा हुआ / सँवारा हुआ 2. ओस की बूँद जैसी 3. देखना 4. पवित्र

मेरे शानों[5] पे आ के बैठ गई
इतनी छोटी है क्या ये दुनिया भी॥

अपनी दुनिया अलग बनाऊँगा
बन गई है सज़ा ये दुनिया भी॥

अक्स बिखरे हैं चार सू 'तालिब'
आईना आईना ये दुनिया भी॥

---

5. कांधो पर

55

मुहब्बत की अगर बारिश मुसलसल हो तो हर सू हो
जो काँटे भीग जाएँ उन में भी फूलों की ख़ुशबू हो॥

मेरी हस्ती में गर होना है शामिल इस तरह होना
मेरे दोनों तरफ़ भी तू रहे और दरम्याँ तू हो॥

ज़रा देखें कि रोशन करते हो क्या? घर? गली? कूचा?
पता ये तो चले तुम चाँद सूरज हो कि जुगनू हो?

कहा मैंनें नमी क्या है जवाबन उस ने फ़रमाया
ज़बाँ चुप हो, जिगर में कर्ब[1] हो आँखों में आँसू हो॥

मैं जिस ख़ंजर को भी छू लूँ वो ख़ंजर फूल बन जाए
ख़ुदाया मेरे हाथों से कभी ऐसा भी जादू हो॥

कोई किस तरह रक्खे ज़ब्त[2] 'तालिब' उस के आगे भी
लब-ए-नाज़ुक, तन-ए-नाज़ुक ज़बाँ भी जिसकी उर्दू हो॥

---

1. दर्द / तकलीफ़ 2. धैर्य

56

दिल, जिस्म, रूह, साँस... मेरी जान बस भी कर
सब कुछ ही कर न इश्क़ में क़ुर्बान... बस भी कर॥

कब तक सुनें ये झूट ये ऐलान बस भी कर
होगा कहीं का तू कोई सुलतान बस भी कर॥

ज़ख़्मों को मत दिखा कि है नुक़सान बस भी कर
हर हाथ में है एक नमकदान बस भी कर॥

कब तक जलाएगी हमें ऐ मसलहत[1] की आग
हम हो चुके हैं सोख़्ता[2] सामान बस भी कर॥

ख़ुद-आगही[3] ख़ुदा के लिए अब तो साथ छोड़
मैं हो गया हूँ ख़ुद से परेशान बस भी कर॥

सूरज को हाथ में लिए मत खेल इस तरह
गिर जाएगा कहीं अरे नादान बस भी कर॥

तेरी ख़ता पकड़ ली ये मैंने ग़लत किया
अपनी ख़ता पे मैं हूँ पशेमान[4] बस भी कर॥

---

1. समयानुसार नीति / भला बुरा देखकर काम करना 2. जला हुआ 3. आत्मज्ञान
4. पछतावा / पश्चाताप

इक तख़्त की हवस में किया ख़ून और फ़साद
तू ही बनेगा वारिस-ए-सुलतान[5] बस भी कर॥

हमने ग़ुबार-ए-शब[6] को भी देखा क़रीब से
उसमें नहीं उजाले का इमकान[7] बस भी कर॥

अब देखती रहें भी ये आख़िर किसे किसे
आँखें हमारी हो गई हैरान बस भी कर॥

तुझको जो करना था किया अब छोड़ भाग दौड़
ये खेल नहीं इतना भी आसान बस भी कर॥

बेला, गुलाब जुही चमेली कि नस्तरन[8]
तुझ सा नहीं है कोई मेरी जान बस भी कर॥

अब काम चलाता हूँ मैं दिल अपना जलाकर
लेता नहीं चिराग़ों का अहसान बस भी कर॥

कल और था, है आज कोई और तेरे साथ
हर दिन बदल न अपनी तू पहचान बस भी कर॥

तेरे फ़रेब में तो ये 'तालिब' न आएगा
ऐ ज़िंदगी दिखा न तू इमकान बस भी कर॥

---

5. सुलतान का वारिस 6. रात की धुंध 7. संभावना 8. सफेद गुलाब

57

कान में फुसफुसा गई दुनिया
और आँखें दिखा गई दुनिया!!

इस के हिस्से का मैं भी खाऊँगा
मेरे हिस्से का खा गई दुनिया!!

आँधियों में ढकेल कर हमको
जलता दीपक थमा गई दुनिया!!

कर लिया एक दिन यकीं इस पर
क्या था मैं क्या बना गई दुनिया!!

डर है आँखें न फूट जाएँ अब
ख़्वाब-ए-फ़र्दा[1] दिखा गई दुनिया!!

अब के आराम हो यक़ीनन कुछ
दर्द दिल का बढ़ा गई दुनिया!!

क़ौल-ओ-इक़रार[2] में तो लिक्खे फूल
और काँटे बिछा गई दुनिया!!

1. आने वाले कल का सपना 2. क़रारनामा

क्या करूँ इसका? बिन बुलाए ही
मेरी चौखट पे आ गई दुनिया!!

हमने माँगा था क़तरा पानी का
ख़ूनी दरिया पिला गई दुनिया!!

सारे मिसरे थे जिसके ना-मौज़ूँ[3]
वो ग़ज़ल भी सुना गई दुनिया!!

ये सभी लोग झूटे हैं झूटे
कहते फिरते हैं भा गई दुनिया!!

दिन का सुख, चैन रात का 'तालिब'
दर हक़ीक़त चबा गई दुनिया!!

---

3. जो बहर में ना हों / मीटर में ना हों

58

आई नहीं हैं ऐसे ही लहजे में तल्खियाँ[1]
हर गाम पर मिलीं हमें रस्ते में तल्खियाँ!!

शीरीनियाँ[2] थीं आम मुहब्बत की हर तरफ़
ये कौन भर गया है ज़माने में तल्खियाँ!!

ये उस से पूछ कैसी छुपी इस में है मिठास
जिस को मिली हैं इश्क़ के सौदे में तल्खियाँ!!

ये तल्ख़ियों का शहर है सब का मिज़ाज तल्ख़
घर घर में तल्ख़ियाँ गली कूचे में तल्ख़ियाँ!!

बाहर से क्या चलेगा पता खोल कर तो देख
भेजी हैं उसने बंद लिफ़ाफ़े में तल्ख़ियाँ!!

ख़ुद को मुहब्बतों से तू इस तरह ढाँप ले
जीने में तल्ख़ियाँ हों न मरने में तल्ख़ियाँ!!

'तालिब' थीं उस की बातों में शीरीनी इस क़दर
महसूस हों किसे भला ऐसे में तल्ख़ियाँ!!

1. कड़वाहटें 2. मिठास

59

बहुत बेचैन है वो इस ख़बर से
सुकूँ पाता हूँ मैं ज़ख़्म -ए-जिगर से!!

मचाती है ख़मोशी शोर इतना
नहीं ये शोर भी कम दर्द-ए-सर से!!

न हो जिस में तेरी यादों की ख़ुश्बू
मैं गुज़रूँ क्यों भला उस रहगुज़र से!!

हसीनो! नाज़नीनो! महजबीनो!
ख़ुदा महफ़ूज़ रक्खे बद-नज़र से!!

सभी ख़ामोश हैं तुम भी रहो चुप
न रक्खो बैर पानी में मगर से!!

तुम्हें पाने की हसरत छोड़ दी है
यक़ीनन फिर तुम्हें खोने के डर से!!

डराते हो उसे क्यूँ मौत से तुम
कफ़न बाँधे हुए निकले जो सर से!!

छपी अख़बार में सरगोशियाँ[1] भी
रहो मोहतात[2] अब दीवार-ओ-दर से!!

जिसे है ज़ोम ताक़त का ये कह दो
बिख़र जाएगा इक दिन फूँक भर से!!

मैं कैसे मान लूँ दिन हो गया है
मिरा सूरज नहीं निकला है घर से!!

तहम्मुल[3] तो बहुत है ख़ूब 'तालिब'
गुज़र जाए न अब पानी भी सर से!!

---

1. फुसफुसाहट 2. सावधान 3. सहनशीलता

60

इक इक बूँद समुंदर भी है
आँख की तह में गौहर[1] भी है॥

ताक़-ए-दिल[2] में झाँक तो मेरे
शीशा भी है पत्थर भी है॥

तुझ को आती नींद नहीं क्यूँ
पास में तेरे बिस्तर भी है॥

इतनी रात में बाहर क्यूँ हो
यार तुम्हारा तो घर भी है॥

उस के अबरू[3] के तरकश में
उलफ़त भी है ख़ंजर भी है॥

तुझ से मिलकर मैंने जाना
मुझ में एक क़लंदर भी है॥

चाँद से अच्छा वो चेहरा है
फूल तो है वो नश्तर भी है॥

---

1. मोती 2. दिल का कोना 3. भौंह

शहर ए दिल में एक वीराना
बाहर भी है अंदर भी है॥

वो सिमटाए पैर को अपने
जिसके पास में चादर भी है॥

शीशा तोड़ नहीं क्यूँ देता
उसके हाथ में पत्थर भी है॥

बस आँखों से ही पीता है
पास में जब कि साग़र भी है॥

'तालिब' शाना देख क़लम का
शायर भी है अफ़्सर भी है॥

61

मिलने का तुझ से अब कोई इमकान[1] हो न हो
मैं तो हूँ मुंतज़िर[2] तू मेरी जान हो न हो॥

शब में भी झिलमिलाती है उम्मीद की किरन
इस रह-गुज़र पे सुब्ह का अहसान हो न हो॥

तुम अपने कुंज-ए-दिल[3] में ज़रा सी जगह तो दो
काफ़ी है एक कमरा ही दालान[4] हो न हो॥

रस्ते से इक अज़ीज़ को ले कर चला हूँ घर
मेरे ग़रीब ख़ाना में मेहमान हो न हो॥

ऐ ज़िंदगी तुझे भी घसीटूँगा दार तक
अब ये सफ़र तेरे लिए आसान हो न हो॥

बह कर किनारा ख़ुद ही चला आता है कभी
दरिया को पार करने का इमकान हो न हो॥

मैंने जो कह दिया है, वो मेरी ज़बान है
तहरीर[5] गरचे वादा-ओ-पैमान[6] हो न हो॥

---

1. संभावना 2. इंतज़ार में 3. दिल के कोने में 4. मकान के बाहर बैठने की छतदार खुली जगह 5. लिखावट 6. प्रतिज्ञा और वचन

मेरी अना[7] तो साथ मेरा छोड़ती नहीं
ले लेगी एक दिन ये मेरी जान हो न हो॥

ऐ मेरी तिश्नगी तू कहाँ आ के रूक गई
दो गाम[8] पर ही पीने का सामान हो न हो॥

ज़ख़्मी हुआ हूँ, दर्द है, लब भी ख़मोश हैं
अब मुजरिम-ए-फ़साद पशेमान हो न हो॥

पीते हैं, खुल के जीते हैं करते हैं रक़्स हम
पूरा हमारा कोई भी अरमान हो न हो॥

हम को गुज़ारनी थी गुज़ारी है ज़िंदगी
'तालिब' हमारी अब कोई पहचान हो न हो॥

---

7. अभिमान 8. क़दम पर

62

अब किसे दे दग़ा नहीं मालूम
उस को लफ़्ज़ -ए-वफ़ा नहीं मालूम!!

क्या है दीवार और है पर्दा क्या
ये हवा को भी क्या नहीं मालूम!!

उस ने रक्खा था मेरे हाथ पे हाथ
हाथ था या दिया नहीं मालूम!!

दिल तो मैंने तुम्हें दिया ही नहीं
तुमने कैसे लिया नहीं मालूम!!

आँधियों में पला बढ़ा हूँ मैं
क्या है बाद-ए-सबा नहीं मालूम!!

उस से क्या गुफ़्तगू करें जिसको
क्या है अच्छा बुरा नहीं मालूम!!

ज़िंदगी का इलाज मौत है मौत
दूसरी कुछ दवा नहीं मालूम!!

जिस को देखा नहीं कभी उस से
इश्क़ कैसे हुआ नहीं मालूम!!

हम मुहब्बत में जान भी दे दें
आप का हौसला नहीं मालूम!!

तेरी आँखें कहानियाँ जिनकी
इब्तिदा, इन्तिहा नहीं मालूम!!

उसकी आँखों से दिल में पहुँचा हूँ
दूसरा रास्ता नहीं मालूम!!

कह रहा है वो छोड़ देगा मुझे
क्यूँ किया फ़ैसला नहीं मालूम!!

उस से पर्दे की बात करते हो
जिस को शर्म-ओ-हया नहीं मालूम!!

'तालिब' ए बे-नवा[1] तो शायर है
है वो अच्छा बुरा नहीं मालूम!!

---

1. बेबस / फ़क़ीर

63

दिल दोबारा न लगाने की क़सम खाई थी
दिल की बातों में न आने की क़सम खाई थी॥

कह दिया उसने ख़सारा तो ख़सारा ही हुआ
और फिर उसने ज़माने की क़सम खाई थी॥

दफ़अतन मेरे दर-ए-दिल पे ये दस्तक उसकी
जब कि उसने तो न आने की क़सम खाई थी॥

छोड़ती हाथ मेरा कैसे भला तन्हाई
साथ ता-उम्र निभाने की क़सम खाई थी॥

ज़िंदगी तू नहीं मानी, नहीं मानी आख़िर
मैंने भी किसको मनाने की क़सम खाई थी॥

आज ता-हद्द-ए-नज़र सिर्फ़ सराबों का हुजूम
रेत ने प्यास बुझाने की क़सम खाई थी॥

दोश[1] से तुझ को उतारा तो ख़ता क्या मेरी
कब तेरा बोझ उठाने की क़सम खाई थी॥

---

1. काँधा

क्या करें तर्क-ए-तअल्लुक़[2] न हुआ ख़ुद हम से
हमने तो क़समें निभाने की क़सम खाई थी॥

जिस को देखा ही नहीं आज तलक 'तालिब' ने
उसकी तस्वीर बनाने की क़सम खाई थी॥

---

2. तअल्लुक़ को तोड़ना

64

गुमाँ जो था मुझे वैसा ही निकला
मिरा दुश्मन तिरा शैदा[1] ही निकला॥

सुलग उठता है इक इक बात पर क्यूँ
तेरा ये शहर भी तुझ सा ही निकला॥

बहुत नज़दीक से जब तुझ को देखा
तिरा जलवा भी इक पर्दा ही निकला॥

वज़ीर-ए-ममलकत[2] समझा था जिसको
वो बस शतरंज का प्यादा ही निकला॥

हुजूम-ए-दोस्तों में गुम तो हैं सब
मगर जिस से मिला तन्हा ही निकला॥

अजब दस्तूर है इस मयकदे का
जो कल प्यासा था वो प्यासा ही निकला॥

तेरी आँखों की झीलों में उतर कर
जहाँ देखा नया चेहरा ही निकला॥

जिसे समझा पयाम-ए-सुब्ह[3] 'तालिब'
नज़र का वो तो बस धोका ही निकला॥

---

1. आशिक / मोहित 2. राज्य का मंत्री 3. सुब्ह का संदेश

65

अख़्तर-ए-ख़ुशनसीब[1] बात करो
तुम हो मेरे हबीब[2] बात करो!!

फ़ोन पर सिर्फ़ गुफ़्तगू कब तक
अब तो आकर क़रीब बात करो!!

अब दवा कारगर नहीं होगी
मुझ से मेरे तबीब[3] बात करो!!

ख़ामुशी चीख़ कर ये कहती है
मुझ से दार-ओ-सलीब[4] बात करो!!

काश कानों में ये सदा आए
मुंतज़िर है मुजीब[5] बात करो!!

जिस को समझा है तुमने सन्नाटा
है ग़ज़ब का ख़तीब[6] बात करो!!

ज़िंदगी एक अरसे बाद सही
आ गई हो क़रीब, बात करो!!

शाइरी क्यूँ करो हो तुम 'तालिब'
जब करो हो अजीब बात करो!!

---

1. ख़ुशक़िस्मत सितारा 2. दोस्त 3. डाक्टर 4. सूली का मंच 5. दुआओं को क़ुबूल करने वाला 6. प्रवचनकर्ता

66

सुर्ख़ ख़ूँ, ज़र्द नमक देख मेरी आँखों में
कैसे बनता है धनक[1] देख मेरी आँखों में!!

कम से कम इतना तो पहचान तुझे होनी थी
अपनी आँखों की चमक देख मेरी आँखों में!!

तू ने तो मा'रके[2] देखें हैं ज़माने में बहुत
दम है तो एक झलक देख मेरी आँखों में!!

कू-ए-जानाँ[3] से गुज़रने का समाँ देखा है?
देख अब दार तलक देख मेरी आँखों में!!

क्या दिखाता है मुझे जब्र के ऊँचे परबत
सब्र के अर्ज़-ओ- फ़लक[4] देख मेरी आँखों में!!

आज इक उम्र पे तुझ से जो नज़र मिल ही गई
लौट आई है चमक देख मेरी आँखों में!!

ख़्वाब! तू आया है 'तालिब' की अयादत[5] के लिए
टीस अब दिल में, कसक देख मेरी आँखों में!!

---

1. इंद्र-धनुष 2. युद्ध / महत्वपूर्ण काम 3. प्रेमिका की गली 4. पृथ्वी और आकाश
5. पूछताछ के लिए

67

जिसे वो मौज-ए-दरिया[1] बोलते हैं
उसी को हम किनारा बोलते हैं॥

वो ऐसे हैं तो ऐसा बोलते हैं
मिरे बारे में अच्छा बोलते हैं॥

कहाँ तक आईनों को तोड़िएगा
वो कब सच्चे को झूटा बोलते हैं॥

तुम्हीं हो क्या मेरी जाँ लोग जिस को
ग़ज़ल का इस्तिआरा[2] बोलते हैं॥

न जाने इश्क़ को क्यूँ सारे मजनूँ
ग़मों का कारख़ाना बोलते हैं॥

पसीने आ गए उनसे जो पूछा
इसे वादा निभाना बोलते हैं?

वो ही जो कहते हैं कम बोला कीजे
ज़रूरत से ज़ियादा बोलते हैं॥

---

1. समुंदर की लहर 2. रूपक

ये उनका ज़र्फ़[3] है बोलें तो बोलें
वो जो नाले को दरिया बोलते हैं॥

ये दश्त-ए-बेकराँ[4] है अपना मसकन[5]
जिसे हम आशियाना बोलते हैं॥

उन्हें भी शायर-ए-आज़म कहोगे?
वो ग़ज़लों को तराना बोलते हैं॥

सुना है वो मेरे बारे में 'तालिब'
बहुत कुछ उल्टा सीधा बोलते हैं॥

---

3. हिम्मत / हौसला 4. अपार / असीम जंगल 5. घर / निवास स्थान

68

दिन को है दिन पे रात को कब रात पर यक़ीन
दुनिया मैं कैसे कर लूँ तेरी बात पर यक़ीन!!

दो और दो को पाँच करो और चुप रहो
रखना है तुम को रक्खो मुसावात[1] पर यक़ीन!!

तुम लोग डूब जाओगे सैलाब में सभी
करते हो उस की आँखों की बरसात पर यक़ीन!!

इक रौशनी ए सुब्ह थी वो भी चली गई
किस ने कहा था तुम से करो रात पर यक़ीन!!

ये दिल जो चाहता है उसे चाहता है बस
रखता नहीं है क़िल्लत-ओ-बोहतात[2] पर यक़ीन!!

हम होंगे कामयाब ये कहना मुहाल है
है इश्क़ की अगरचे शुरूआत पर यक़ीन!!

वलियों[3] का मर्तबा[4] जिन्हें मुतलक़[5] नहीं पता
रक्खें वो किस तरह से करामात पर यक़ीन!!

---

1. बराबरी / समानता का भाव 2. कमी और बेसी 3. फक़ीर 4. दर्जा / ओहदा 5. कतई / बिल्कुल

मैंने तो दिन को रात बताया था इसलिए
आएगा तुम को कैसे मेरी बात पर यक़ीन!!

पूछा सवाल कुछ है, जवाब आपका है कुछ
बोलें कि आप रक्खें जवाबात पर यक़ीन?

हम अपने दुश्मनों का भी करते हैं एहतराम
उनको भी है हमारी मुदारात[6] पर यक़ीन!!

उस का भला बिगाड़े नशेब-ओ-फ़राज़[7] क्या
जिस ने यक़ीन रक्खा बस इक ज़ात पर यक़ीन !!

'तालिब' अगर ये ज़ोफ़-ए-बसारत[8] नहीं तो क्या
शक रौशनी पे करते हो ज़ुलमात[9] पर यक़ीन!!

---

6. ख़ातिरदारी 7. उतार-चढ़ाव 8. आँखों की रौशनी कम होना 9. अंधेरा

69

किस की तलाश थी हमें किस किस के दर गए
इक उम्र जब गुज़ार दी तब उस के घर गए!!

ये किस ने कह दिया कि मेरे ज़ख़्म भर गए
बन कर सितारे मेरे जिगर में बिख़र गए!!

जो लोग ज़िंदगी में बहुत देर से मिले
अस्बाब-ए-ग़म[1] में वो भी इज़ाफ़ा[2] ही कर गए!!

जिन को सुधारने में था नाकाम सारा शहर
चक्कर में तेरे इश्क़ के पड़ कर सुधर गए!!

समझा था मेहरबाँ जिसे निकला शिकारी वो
क्या खेल उसने खेला मिरे बाल-ओ-पर गए!!

बेवजह क्यूँ हँसी मिरे लब पर बिखर गई
लगता है तेरे दर्द ही कुछ काम कर गए!!

मशहूर हो गई तेरी दरियादिली मगर
देखा तुझे तो प्यास के चेहरे उतर गए!!

'तालिब' शुमार-ए-ज़ख़्म-ए-जिगर किस तरह करे
दो चार जब भरे तो हज़ारों उभर गए!!

---

1. दु:ख के कारण 2. बढ़ोतरी

70

मेरा लहू जो शब को चराग़ों से भर गया
फिर उसका वक़्त-ए-शब तो दरख़्शाँ[1] गुज़र गया॥

जब जब भी ज़िंदगी में अँधेरा पसर गया
ख़ून-ए-जिगर दिया तो दिया काम कर गया॥

ये कैसी जुस्तजू है कि बरसों के बाद भी
ज़ौक़-ए-जुनूँ[2] गया न तो शौक़-ए-सफ़र[3] गया॥

आँखों ने ये कहा- उन्हें बहने का ग़म नहीं
जो ख़्वाब था हमारा कहाँ जा के मर गया॥

गुलशन की कुछ ख़बर हो तो हम से भी कुछ कहो
हम ने सुना है उसका मुक़द्दर सँवर गया॥

कानों में क्या कहा है नसीम-ए-बहार ने
क्या बात है कि फूल का चेहरा उतर गया॥

पढ़ने पढ़ाने में रहा मशग़ूल[4] इस क़दर
सुनते हैं उसका इश्क़ किताबों में मर गया॥

---

1. रौशन / चमकीला 2. दीवानगी का मज़ा 3. सफ़र करने की रूचि 4. व्यस्त

जो वक़्त भी बुरा हो गुज़रता तो है मगर
किस तरह से ये वक़्त यहीं पर ठहर गया॥

पानी भरा हुआ है या सूखा है रास्ता
आँखों से इम्तियाज़-ए-रह-ए-ख़ुश्क़-ओ-तर[5] गया॥

अगले पड़ाव के लिए भी जमअ कुछ करो
माल-ए-जहाँ है क्या? इधर आया उधर गया॥

इस से ज़्यादा ज़ूद-असर[6] है कोई अमल
सजदा किया ज़मीं पे फ़लक तक असर गया॥

'तालिब' यहाँ से कारवाँ गुज़रा तो है नहीं
रस्ते का ज़ख़्म फिर भला कैसे उभर गया॥

---

5. नमी और सुखेपन में फ़र्क का अंदाज़ा करना 6. तुरंत असर करना

71

बगूले रक़्स[1] में हर आन शायद
उठेगा फिर कोई तूफ़ान शायद॥

वो आसाँ है जिसे समझे हो मुश्किल
बहुत मुश्किल है ये आसान शायद॥

वो जो लाठी लठावल[2] कर रहे हैं
दिया है आप ने मैदान शायद॥

मुहब्बत तो ख़सारे का है सौदा
मुनाफ़ा है ये ही नुक़सान शायद॥

ग़ुबार-ए-दश्त[3] या सहरानवर्दी[4]
ये ही कुछ है सर-ओ-सामान शायद॥

दरिंदे हैं लिबास-ए-आदमी में
पशेमाँ[5] आज है शैतान शायद॥

जहाँ में एक था सोने का पंछी
ये ही था अपना हिंदुस्तान शायद॥

---

1. नाचना 2. लठैत 3. जंगल की धूल 4. रेगिस्तान में भ्रमण 5. पश्चाताप में / दु:खी / शर्मिंदा

हज़ारों दर्द-ओ-ग़म की कहकशाँ[6] में
ये दिल है मीर का दीवान[7] शायद॥

हर इक मंज़र नज़र आता है वीराँ
नज़र ही हो गई वीरान शायद॥

सफ़र में मोड़ भी आते रहेंगे
खुलेंगे फिर नए इमकान[8] शायद॥

नए अहबाब[9] से आए हो मिलकर
मैं अब लगने लगूँ अनजान शायद॥

मैं छोड़ आया था घर में यास-ओ-हसरत[10]
मिला होगा वही सामान शायद॥

उसे मिलने में डर सा लग रहा है
कि जाग उट्ठे न फिर अरमान शायद॥

किसी के क़ब्ज़े में ये दिल है 'तालिब'
किसी के हाथ में है जान शायद॥

---

6. आकाशगंगा 7. ग़ज़लों की किताब 8. सम्भावनाएँ 9. मित्र मंडली 10. निराशा औ आशा

72

चश्म-ए-तूफ़ाँ[1] में खल रहा है बहुत
मेरा गुलशन हरा भरा है बहुत!!

मैं ज़मीं हूँ तो आसमाँ वो है
अब तो दोनों में फ़ासला है बहुत!!

इश्क़ का हमक़दम[2] रहूँ कैसे
इश्क़ में यार मसअला है बहुत!!

ख़्वाब ही में वो आते जाते हैं
अब तो इतना ही राब्ता है बहुत!!

वो तो फित्ना[3] उठा के बैठा है
जिस को समझा था पारसा है बहुत!!

रात गुज़रेगी अब जगा दो उसे
आज सूरज भी सो चुका है बहुत!!

मुझ से मिलना तो सोच कर मिलना
वक़्त मेरा अभी बुरा है बहुत!!

---

1. तूफान की नज़र 2. साथी / साथ चलने वाला 3. उपद्रव / उथल-पुथल

राहत-ए-दर्द तो देता है वही
जो मेरा दर्द-आश्ना[4] है बहुत!!

क्या ज़रूरी वो मुझ से बात करे
आने जाने का सिलसिला है बहुत!!

ज़ाग़[5] तो बाज़[6] हो नहीं सकता
यूँ तो चिल्लाता चीखता है बहुत!!

जिस को अपनी कोई ख़बर ही नहीं
हर गिरेबाँ में झांकता है बहुत!!

सर क़लम कर दो इस क़लम का भी
कड़वी बातें ये लिख रहा है बहुत!!

जिस पे तिस पे यक़ीन करता है
यार 'तालिब' भी बावला है बहुत!!

---

4. दर्द से वाकिफ़ 5. कौआ 6. चील

73

ग़म क्या है गरचे हुस्न-ए-दिल-आरा[1] नहीं मिला
इस इश्क़ में किसे ये ख़सारा नहीं मिला!!

हमने कहाँ कहाँ न पुकारा, नहीं मिला
बिछुड़ा जो एक बार दुबारा नहीं मिला!!

डूबी अगरचे कश्ती प' हम दोनों साथ थे
किस मुँह से फिर कहें कि किनारा नहीं मिला!!

तर्क-ए-त'आल्लुक़ात[2] भी करता मैं कितनी बार
अच्छा हुआ वो शख़्स दुबारा नहीं मिला!!

गिरते हुओं को मैंने उठाया है इस लिए
मुझ को कभी किसी का सहारा नहीं मिला!!

तिरी नज़र के सामने जिसको मैं रख सकूँ
मेरी नज़र को ऐसा नज़ारा नहीं मिला!!

कहने को तो यहाँ हैं मेरे बेशुमार दोस्त
लेकिन किसी को जब भी पुकारा, नहीं मिला!!

---

1. दिल को रोशन करने वाली सुंदरता 2. तअल्लुक़ तोड़ना

ऐसा नहीं हमारी ही कोशिश में थी कमी
तक़दीर में नहीं था सितारा, नहीं मिला!!

किस किस को मैं बताऊँ तेरी जुस्तजू का शौक़
हाँ हाँ जो खो गया था दुबारा नहीं मिला!!

है पूछना सवाल तो मुझ से सवाल पूछ
शायद तुझे जवाब करारा नहीं मिला!!

चारागरों की भीड़ है किसको दिखाएँ ज़ख़्म
चारा करे जो दिल का ख़ुदारा[3] नहीं मिला!!

दस्तक दिए बग़ैर चली आई है अजल[4]
ऐ ज़िंदगी तिरा भी इशारा नहीं मिला!!

दुनिया के रंज-ओ-ग़म हैं मसाइब[5] भी साथ हैं
कैसे कहूँ किसी का सहारा नहीं मिला!!

'तालिब' जो रू-ब-रू हुए उस के बस एक बार
चेहरा फिर आईने में हमारा नहीं मिला!!

---

3. ख़ुदा का वास्ता 4. मौत 5. यातनाएँ / पीड़ा

74

हँसना अज़ाब इश्क़ में रोना अज़ाब[1] है
दुनिया में अब किसी का भी होना अज़ाब है!!

अहसान मुझ पे कर मेरे शाने से अब उतर
दिन रात ज़िंदगी तुझे ढोना अज़ाब है!!

बस ख़्वाब, ख़्वाब, ख़्वाब.. मेरी ज़िंदगी है ख़्वाब
ख़्वाबों के इस हुजूम में सोना अज़ाब है!!

जाते हुए वो हाथ मिरे चूम कर गया
हाथों को अपने अब मुझे धोना अज़ाब है!!

आँखों में कैसे लोग समुंदर छुपाते हैं?
मुझको तो एक बूँद समोना अज़ाब है!!

मुझ से बिछुड़ के वो भी किसी का नहीं रहा
मेरे लिए तो ऐसा भी होना अज़ाब है!!

'तालिब' ग़ज़ल सरा[2] है कि खोला है राज़-ए-दिल
ख़ूँन-ए-जिगर में ख़ामा[3] डुबोना अज़ाब है!!

---

1. बला / जंजाल 2. ग़ज़ल पढ़ने वाला 3. कलम / पेन

75

तुम्हारी ख़ैर-ख़्वाही[1] से हमें तकलीफ़ होती है
ये रस्मन हाल-पुरसी[2] से हमें तकलीफ़ होती है!!

नदामत[3] ठीक, पर उस माज़रत-आमेज़[4] से कह दो
सफ़ाई पर सफ़ाई से हमें तकलीफ़ होती है!!

सियाहकारी[5], रियाकारी[6] और उस पर दावा-ए-जन्नत
तुम्हारी पारसाई[7] से हमें तकलीफ़ होती है!!

कोई ज़ालिम जो ढाए ज़ुल्म सहते हैं ख़ुशी से हम
ज़बाँ खोले जो भाई से हमें तकलीफ़ होती है!!

क़राबत[8] के मकानों से निकल आए बहुत पहले
हिसार-ए-आशनाई[9] से हमें तकलीफ़ होती है!!

बरसना है तो ग़म के बादलों अब टूट के बरसो
यूँ हल्की बूँदा-बाँदी से हमें तकलीफ़ होती है!!

हमें सूरज नहीं बनना हमें ज़र्रों में रहने दो
कि अब ज़र्रा-नवाज़ी[10] से हमें तकलीफ़ होती है!!

---

1. शुभचिंतन 2. हालचाल पूछना 3. पछतावा 4. माफ़ी मांगने पर उतारू 5. गुनाह करना 6. दिखावा 7. परहेज़ 8. रिश्तों के 9. पहचान के घेरे 10. इनायत करना

कहाँ तक मंज़िलों से दूर आख़िर रह सकेंगे हम
अब ऐसी रहनुमाई[11] से हमें तकलीफ़ होती है!!

नहीं मिलना तो कह दो साफ़ करते हो बहाने क्यूँ
तुम्हारी टाल-बाज़ी से हमें तकलीफ़ होती है!!

मैं जब भी आह करता हूँ तो ये अफ़लाक[12] कहते हैं
तेरी शोलानवाई[13] से हमें तकलीफ़ होती है!!

दिमाग़-ओ-दिल पे जो गुज़रा जिगर के ख़ून से लिक्खा
कि 'तालिब' रोशनाई से हमें तकलीफ़ होती है!!

---

11. मार्गदर्शन 12. आसमान 13. आग बरसाना / आग जैसी बात करना

76

आप की बात पे क्यूँ प्यासे भरोसा न करें
अब सराबों को भी दरिया तो बताया न करें!!

आप घर तक मेरे पहुँचेंगे भला किस तरह
शहर में आ के पता दश्त का पूछा न करें!!

आप के पास ठहरने की इजाज़त भी नहीं
तो गुलाबों की तरह आप भी महका न करें!!

बे-तुकी बात सितारे भी लगे हैं करने
उन से कह दो कि मेरी नींद को ज़ाया[1] न करें!!

यूँ न हो आप को अपनी ही नज़र लग जाए
आइना लेके नज़र अपनी उतारा न करें!!

आप ने जो भी किया है वो मुझी तक ही रहे
साथ दुश्मन के मेरे भी कभी वैसा न करें!!

मुफ्त में लेने के देने न कहीं पड़ जाएँ
गर निभा सकते नहीं आप तो वादा न करें!!

जो अगर आप में मौजूद है 'तालिब' साहिब
वो कमी आप किसी और में ढूंडा न करें!!

---

1. व्यर्थ

77

जहाँ पर घुप अँधेरा दिख रहा है
वहीं तारा चमकता दिख रहा है॥

कहा ये आईने ने डरते डरते
तू जैसा है तू वैसा दिख रहा है॥

तुम आँखें अब मुआलिज[1] को दिखा लो
तुम्हें गुलशन भी सहरा दिख रहा है॥

तड़प, रंज-ओ-अलम, क्या आईने हैं
सभी में अपना चेहरा दिख रहा है॥

करूँ क्या मंज़रों पे लब-कुशाई[2]
दिखाया तुमने जैसा दिख रहा है॥

ख़ुलूस-ओ-मेहर[3] की ऐनक उतारी
तुम्हारा अस्ल चेहरा दिख रहा है॥

मैं ज़ीने ज़ीने[4] चढ़ता जा रहा हूँ
उसे दिन में सितारा दिख रहा है॥

---

1. डॉक्टर 2. बात शुरू करना 3. सच्चाई और प्यार 4. सीढ़ी

ये सहरा से कहो कुछ और फैले
मुझे ये अपना कमरा दिख रहा है॥

तसव्वुर[5] में ये कौन आया है 'तालिब'
उजाला ही उजाला दिख रहा है॥

---

5. ख़्यालों में

78

किस के ग़म में ये हाल रक्खा है
उस ने कैसा सवाल रक्खा है!!

साँप जो तुम ने पाल रक्खा है
ज़हर पहले निकाल रक्खा है!!

इश्क़, आँसू, अलम[1], फुगाँ[2], गिर्या[3]
क्या अजब शौक़ पाल रक्खा है!!

कर के लग़्ज़िश[4] गिरफ़्त-शाहों[5] की
ख़ुद को ख़तरे में डाल रक्खा है!!

क्यूँ क़सीदा[6] पढ़ें न सब उस का
उसने सिक्का उछाल रक्खा है!!

सच्चा मोती तो एक भी न मिला
हमने दरिया खंगाल रक्खा है!!

कौन उस को सँभालता होगा
जिसने सब को संभाल रक्खा है!!

---

1. ग़म 2. आह 3. रोना 4. ग़लती / चूक 5. बहुत क़ाबू में रखने वाला बादशाह 6. किसी की तारीफ़ में कही गई नज़्म

घर में अपने ही आने जाने को
ख़ुफ़िया रस्ता निकाल रक्खा है!!

हुस्न वालों से दूर बैठा हूँ
हादसा दिल पे टाल रक्खा है!!

शुक्र कैसे अदा करूँ 'तालिब'
उसने इतना ख़्याल रक्खा है!!

79

क्यों ढूंढती है गर्दिश-ए-सुब्ह-ओ-मसा[1] मुझे
कुछ रोज़ ही यूँ रहने दे अब लापता मुझे!!

शायद मेरे वजूद की मिट्टी में थी कमी;
ख़ालिक़[2] ने फिर जो ख़ुल्द[3] से लौटा दिया मुझे!!

देखे हैं दश्त, गाँव, समुंदर, नगर, पहाड़;
नायाब[4] कुछ बचा हो तो दुनिया दिखा मुझे!!

ये रंज-ओ-ग़म, ये ज़ख्म, ये तल्ख़ी, ये दर्द-ए-दिल;
सदक़े[5] तेरे, हर एक गुल-ए-तर[6] मिला मुझे!!

होता नहीं यक़ीं तो अभी रब्त[7] तोड़ दो,
क्यों आज़मा रहे हो मियाँ बारहा[8] मुझे!!

तू मेरी छोड़, मेरा फ़साना घिसा-पिटा,
परियों के मुल्क वाले तू अपनी सुना मुझे!!

ऐसे में कैसे मान लूँ दुनिया है रास्त-बाज़[9],
जो भी मिला उसी ने दिया बस दग़ा मुझे!!

---

1. रात-दिन की नियति 2. सृष्टिकर्ता 3. स्वर्ग 4. नया 5. कृपा से 6. भीगा हुआ फूल 7. संबंध 8. बारबार 9. वफ़ादार, ईमानदार, सच्चा

चौखट पे मेरे आई हो किस चीज़ के लिए;
तूने ऐ ज़िंदगी बता क्या ही दिया मुझे!!

इस बात की ख़ुशी है वो हारा है मुझ से शर्त;
पहले था डूबना उसे फिर डूबना मुझे!!

इन'आम लोग पाते हैं जिस काम के लिए;
उस काम के लिए मिली 'तालिब' सज़ा मुझे!!

80

जिनको हुनर का ज़ोम[1] था नाकाम हो गए
फ़नकार कैसे कैसे याँ गुमनाम हो गए!!

तू ने तो रत्ती भर का उजाला नहीं किया
वैसे कई चिराग़ तेरे नाम हो गए!!

हम को ये किस के नाम से मंसूब[2] कर दिया
हम बे-सबब ही मुफ़्त में बदनाम हो गए!!

माँ-बाप बन के रह गए मेहमान-ए-ना-तलब[3]
बच्चों के अपने अपने दर-ओ-बाम हो गए!!

क्यूँ रो पड़े थे देख के महफ़िल में मुझ को आप
पिन्हाँ[4] थे जो भी राज़, सर-ए-आम हो गए!!

मासूम क़ातिलों को तो ये भी नहीं पता
ये क़त्ल-ए-आम कैसे सरअंजाम[5] हो गए!!

वो लोग मंज़िलों से बहुत दूर हैं खड़े
जो भी ज़ियादा ख़ूगर-ए-आराम[6] हो गए!!

---

1. घमंड 2. जोड़ना 3. बिना बुलाया मेहमान 4. छुपा हुआ 5. पूरा होना / कार्य-पूर्ति
6. आराम करने की लत लगना

ऐ चारागर इलाज है मुमकिन तो कर इलाज
अपने तमाम ज़ख़्म तेरे नाम हो गए!!

ऐवान-ए-शायरी[7] में क़दम उन के क्या पड़े
जितने भी उनके शेर हैं इल्हाम[8] हो गए!!

'तालिब' इधर से क़ाफ़िला गुज़रा है किस का आज
रस्ते तमाम रश्क-ए-गुलंदाम[9] हो गए!!

7. शायरी का महत्व 8. देववाणी 9. पुष्पांगना से ईर्ष्या

81

अपना ख़ालीपन मैं भरना सीख रहा हूँ
ज़ख़्मों की तुरपाई करना सीख रहा हूँ॥

जीना अब दुश्वार[1] न होगा इस दुनिया में
धीरे धीरे मैं भी मरना सीख रहा हूँ॥

झोंका हूँ मैं हवा का और अब इन फूलों को
ख़ामोशी से छू के गुज़रना सीख रहा हूँ॥

देख के उड़ने वालों का अंजाम-ए-सफ़र अब
मैं तो अपने पर भी कतरना सीख रहा हूँ॥

लौटा दूँगा तिरी याद को कह के यही अब
तन्हाई से बातें करना सीख रहा हूँ॥

पहली बारिश का ये क़तरा बोल रहा है
कब है बरसना कब है ठहरना सीख रहा हूँ॥

मर मिटता हूँ प्यार की हर इक बोली पर मैं
हैराँ हूँ अब ये क्या करना सीख रहा हूँ॥

1. मुश्किल / कठिन

डूब गया मैं दरिया में और लाश बना हूँ
अब दरिया के पार उतरना सीख रहा हूँ॥

ये करना भी 'तालिब' कुछ आसान नहीं है
दिल के आईने में सँवरना सीख रहा हूँ॥

82

बोझ अपना उतार कर ख़ुश हूँ
आज का दिन गुज़ार कर ख़ुश हूँ॥

तू जो चाहे करे तेरी मर्ज़ी
मुझ से नफ़रत या प्यार कर, ख़ुश हूँ॥

दी सदाएँ कोई नहीं आया
मैं तो ख़ुद को पुकार कर ख़ुश हूँ॥

है वो शर्मिंदा जीत पर अपनी
जब ये जाना मैं हार कर ख़ुश हूँ॥

कहता होगा उसे भी अब दरपन
आप को मैं सँवार कर ख़ुश हूँ॥

अब भी ग़म है तुझे रक़ीबों[1] का
मैं तो सब तुझ पे वार कर ख़ुश हूँ॥

तू भी आया है दोस्त संग-बकफ़[2]
कर मुझे संग-सार[3] कर ख़ुश हूँ॥

कर तवक्क़ो[4] ज़रा तो कम 'तालिब'
और कुछ इख़्तिसार[5] कर ख़ुश हूँ॥

---

1. इश्क़ में प्रतिस्पर्धी / दुश्मन 2. हाथ में पत्थर उठाए 3. पत्थर से मारना 4. उम्मीद 5. घटाना / कम करना

83

एक चेहरा ही देख पाते हैं
आईने भी फ़रेब खाते हैं!!

आज कुछ तहत[1] में सुनाते हैं
शेर का ज़ोर आज़माते हैं!!

वो न आया तो फिर तसल्ली को
ख़ुद ही दरवाज़ा खटखटाते हैं!!

अब तो आँखों को बिन बताए ही
ख़ाब आते हैं ख़ाब जाते हैं!!

टीस और दर्द कैसे देखेंगे
लोग बस ज़ख़्म देख पाते हैं!!

जलते सहरा में भी तेरे प्यासे
कब सराबों[2] को मुँह लगाते हैं!!

सूख जाए न ख़्वाबों के दरिया
आँख के चश्मे हम बहाते हैं!!

---

1. शेर पढ़ने का तरीक़ा 2. मृगतृष्णा / मरीचिका

फूल महके हैं उसकी ख़ुश्बू से
ये ख़्याल उसको अब भी आते हैं!!

इक अलग साज़ है ग़लत फ़हमी
हम यही झुनझुना बजाते हैं!!

अपने शाने[3] पे आफ़ताब लिए
नम हवाओं को हम सुखाते हैं!!

जो सिखाते हैं मयकशी 'तालिब'
चार क़तरों में लड़खड़ाते हैं!!

3. कांधे

84

गज़ल के शहर को ख़्वाबों का इक ऐवान[1] लिख डालूँ
तेरी आंखें अगर चाहे कई दीवान लिख डालूँ॥

ये खंजर और ये नश्तर ये काँटे और ये पत्थर
इजाज़त हो तो इन पर बोसा[2] लेकर जान लिख डालूँ॥

तेरे रुख़्सार पर लटकी हुई ज़ुल्फों पर क्या लिक्खूं
क़लम का मशवरा है हुस्न की मीज़ान[3] लिख डालूँ॥

न जाने कितने फूलों को तबस्सुम[4] रेज़ करती है
नसीम-ए-सुब्ह[5] को मैं किस तरह तूफान लिख डालूँ॥

यहाँ से मैं तुम्हारे साथ सो-सो बार गुज़रा हूँ
तुम्हारा साथ छूटा तो इसे वीरान लिख डालूँ॥

उतर जाता है नश्शा इक न इक दिन हर रऊनत[6] का
इसे मैं गर्दिश-ए-दौरां[7] का इक अहसान लिख डालूँ॥

जहाँ लिक्खा है मैंने माँ के क़दमों के तले जन्नत
वहाँ अब्बा को अपने ख़ुल्द[8] का रिज़वान[9] लिख डालूँ॥

1. महल, संसद, परिषद 2. चूमना 3. तराज़ू 4. मुस्कान 5. सुब्ह की सुहानी हवा 6. घमंड
7. समय का उलटफेर 8. स्वर्ग 9. पहरेदार / दरबान

अगर दिल पर हुकूमत का इरादा है तो कह दो ना
रियासत ये तुम्हारे नाम मेरी जान लिख डालूँ॥

सिवा मेरे न देखे अब तुम्हें कोई भी ऐ 'तालिब'
वो कहता है दर-ए-दिल पे मैं ये फ़रमान लिख डालूँ॥

85

नज़र आया मुझे जब भी किनारा
किया कश्ती ने तूफ़ाँ को इशारा!!

किसी भी लफ़्ज़ में अटता नहीं तू
करूँ किस को मैं तेरा इस्तिआरा[1]!!

नमी आँखों में तेरी देख ली है
मेरा दिल हो गया है पारा पारा[2]!!

पिघल जाते हैं तेरे हुस्न से सब
रग-ए-मरमर[3] हो या अज्ज़ा-ए-ख़ारा[4]!!

अदालत तो सज़ा देगी मुझ ही को
हो साबित जुर्म मेरा या तुम्हारा!!

मरे पे सिर्फ़ मातम करने वालो
पता ये भी लगाओ किस ने मारा!!

ज़मीं सब को निगल जाएगी इक दिन
न क़ैसर है सिकंदर है न दारा[5]!!

---

1. रूपक 2. टुकड़े-टुकड़े 3. संगमरमर जैसी नफ़ासत वाली नसें 4. चट्टान जैसी देह / कठोर / सख़्त 5. तीनो बादशाहों के नाम हैं - सीज़र, सिकंदर और दारा

तेरे ख़ाबों से हैं आबाद आँखें
कोई मंज़र इन्हें हो क्यूँ गवारा!!

जिसे कहती है ग़म दुनिया ये 'तालिब'
वो ही तो ज़ीस्त का है अब सहारा!!

86

हर शाम महफ़िलों में तो जाओगे ग़मज़दो[1],
ख़ुद को वहाँ भी तन्हा ही पाओगे ग़मज़दो!!

होती रहेगी प्यास भी दोहरी हरेक शाम,
जो शाम मयक़दों में बिताओगे ग़मज़दो!!

हर बार ये कहोगे "न देंगे सदा उसे"
हर बार ख़ुद ही उसको बुलाओगे ग़मज़दो!!

दीवार से हटाते हो तस्वीर तो हटाओ,
जो दिल में है वो कैसे हटाओगे ग़मज़दो!!

आईना गरचे टूट गया घर में किसको फिर,
अपनी ये दास्तान सुनाओगे ग़मज़दो!!

हर शख़्स अपनी फ़िक्र से मसरूफ़ है बहुत,
फ़ुरसत किसे कि पास बिठाओगे ग़मज़दो!!

दो चार दिन में हाल तुम्हारा है ये तो फिर,
इक उम्र कैसे साथ निभाओगे ग़मज़दो!!

इन रतजगों[2] से 'तालिब'-ए-ख़स्ता[3] न ऊब जाए,
कब तक उसी को तन्हा जगाओगे ग़मज़दो!!

---

1. दु:ख से पीड़ितो 2. रात में जागना 3. दु:खी दिल का तलबगार

87

देर तलक दफ़्तर में बैठा रहता है
घर जाने के नाम से सहमा रहता है!!

नद्दी नद्दी दरिया दरिया रहता है
मेरा सरापा[1] फिर भी सहरा रहता है!!

जिस दिन सुब्ह की सैर पे वो मिल जाते हैं
रात गए तक दिल भी ताज़ा रहता है!!

उस तालाब की दरिया दिली भी देखी है
लेकिन जो प्यासा है प्यासा रहता है!!

तेरा नाम पराए लब से सुन सुन कर
मेरा सीना आग उगलता रहता है!!

सेंकते रहते हैं हाथों को सब माली
बाग़ का गोशा गोशा जलता रहता है!!

छत पर उसका आना भी अब बंद हुआ
शब भर अब तो चाँद भी तन्हा रहता है!!

1. सर से पैर तक

हम पे गुज़रती है क्या क्या वो क्या जाने
वो तो सब से हंस कर मिलता रहता है!!

चाँद फ़लक से इतने दिनों से है ग़ायब
जब से उस का बंद दरीचा[2] रहता है!!

बच कर रहना मौक़ा ढूँढने वालों से
इस बाज़ार में भीड़-भड़क्का रहता है!!

इक दिन हाथ पकड़ लूँगा तन्हाई का
मेरी गली से आना जाना रहता है!!

दरियाओं से कह दो मुझ से आन मिलें
मुझ में सहराओं का सहरा रहता है!!

आप को दे आवाज़ तो हरगिज़ मत सुनिए
दिल का क्या है यूँ ही मचलता रहता है!!

शहर में चर्चा है कि 'तालिब' आख़िर कार
किस की याद में ग़ज़लें कहता रहता है!!

---

2. खिड़की

88

क़िस्मत की ज़ुल्फ़ को भी संवारेगी ज़िंदगी
वरना कहाँ कहाँ से गुज़ारेगी ज़िंदगी!!

ऐ ज़िंदगी हो जीत मुबारक तुझे मगर
तू मौत ही के हाथ से हारेगी ज़िंदगी!!

साहिल का ख़ाब जब कभी आया, समझ लिया
दरिया के बीच लाके उतारेगी ज़िंदगी!!

दो रोज़ की बुलंदियाँ मिल जाएँ भी तो क्या
इक रोज़ लाके पस्ती में मारेगी ज़िंदगी!!

आवाज़ मैंने जब भी दी वो चुप खड़ी रही
मैं भी रहूँगा चुप जो पुकारेगी ज़िंदगी!!

दो दिन की ऐश के लिए, आराम के लिए
दामन कहाँ कहाँ तू पसारेगी ज़िंदगी!!

तेरा सबात[1] क्या है कि तेरा वजूद क्या
कब तक भला तू शेख़ी बघारेगी ज़िंदगी!!

1. दृढ़ता

तूफ़ाँ न बन नसीम-ए-सहर बन के देख यार
फूलों की तरह तुझ को निखारेगी ज़िंदगी!!

मैंने भनक किसी को भी लगने नहीं दिया
मुझको ख़बर थी जंग ये हारेगी ज़िंदगी!!

आता नहीं है कोई न आएगा अब कोई
जब दार[2] से किसी को पुकारेगी ज़िंदगी!!

दरिया है एक आग का उस पर ये ख़स्ता नाव
'तालिब' डुबोएगी कि उभारेगी ज़िंदगी!!

---

2. जहाँ फाँसी दी जाती हो

89

राब्ता[1] अब किसी से क्या रखना
ख़ुद को ख़ुद ही में मुब्तला[2] रखना॥

मुझ पे इतना यक़ीं भी क्या रखना
ज़िंदगी कुछ तो फ़ासला रखना॥

हो जो रखना कोई गिला शिकवा
उस से कह दो ता-इंतिहा[3] रखना॥

गर मिलो तो न चश्म[4] नम करना
कम से कम इतना हौसला रखना॥

वो तो चेहरा बदलता रहता है
उसके आगे क्या आईना रखना॥

जब ज़रा भी यक़ीं नहीं मुझ पर
फिर कोई रिश्ता मुझ से क्या रखना॥

पास बैठे हैं खूबसूरत लोग
हुक्म सादिर है फ़ासला रखना॥

1. संबंध 2. व्यस्त / मसरूफ़ 3. इंतिहा तक 4. आँखे

कब दर-ए-दिल पे कौन दस्तक दे
कैमरा दिल में इक लगा रखना॥

शुक्रिया ऐ उजालो! फिर आना
आने जाने का सिलसिला रखना॥

माल दौलत महल गए तो गए
अपनी तहज़ीब को बचा रखना॥

ख़्वाब-ज़ारों[5] से तुम निकल आना
कुछ हक़ीक़त से वास्ता रखना॥

ख़ुद को रिंदों[6] के शहर में 'तालिब'
कितना मुश्किल है पारसा[7] रखना॥

5. सपनों की दुनिया 6. शराबी 7. पाक / पवित्र

90

तुझसे अलग रहा कभी ऐसा नहीं हुआ
तन्हा मैं हो के भी कभी तन्हा नहीं हुआ॥

वो ख़ुद कहे कब उसका मैं साया नहीं हुआ
उस पर भी उस को मुझ पे भरोसा नहीं हुआ॥

मुझ को गुज़ारनी थी गुज़ारी है ज़िंदगी
यह कम नहीं कि कोई तमाशा नहीं हुआ॥

ताबीर पूछता फिरूँ किस किस से आख़िरश
इक ख़्वाब, ख़्वाब में भी जो पूरा नहीं हुआ॥

जब से सुना है रौशनी बिनाई[1] ले गयी
अंधी गली में फिर तो सवेरा नहीं हुआ॥

क़ातिल जो कल था आज वो मक़्तूल[2] हो गया
कैसे कहें कि जैसे को तैसा नहीं हुआ॥

रक्खा है ग़म का पर्दा मेरी जान इसलिए
आँखों से जारी ख़ून का दरिया नहीं हुआ॥

1. देखने की शक्ति 2. जिसका क़त्ल हुआ हो

इक काम कार-ए-इश्क़[3] में सौंपा गया मुझे
वो काम भी तो ठीक से पूरा नहीं हुआ॥

बदनाम कर दिया मुझे उसने यक़ीं करो
जिससे कि आज तक मेरा मिलना नहीं हुआ॥

कौन आएगा कि आज चमकते हैं बाम-ओ-दर
पहले तो दिल में ऐसा उजाला नहीं हुआ॥

दावा करे है चारागरी का वो चारागर
'तालिब' के दर्द का तो मुदावा[4] नहीं हुआ॥

---

3. इश्क़ का कारोबार 4. इलाज

91

तुम्हारा बस चले तो फूलों को ऐसी अज़ीयत[1] दो
चमन में इज़्न[2] हँसने की न रोने की इजाज़त दो॥

न जाने कौन कब इस रहगुज़र से बाँध ले सामाँ
जहाँ तक हो सके मुमकिन मुहब्बत लो, मुहब्बत दो॥

तुम्हारा ख़्वाब भी इक दिन तुम्हें लौटाऊँगा जानाँ
तबीयत कुछ संभलने दो मुझे थोड़ी सी मोहलत दो॥

रऊनत[3] से भरे हैं जो उन्हें क्यूँ मुँह लगाते हो
ये किस ने कह दिया तुम से कि कमज़र्फ़ों[4] को इज़्ज़त दो॥

अँधेरों इतनी भी ग़ैरत नहीं तुम को कि हट जाओ
उजाले आ रहें हैं उनको आने की इजाज़त दो॥

तुम्हें नज़दीक से देखूँ तुम्हें पहचान भी तो लूँ
मुझे ऐ ज़िंदगी की गर्दिशों इतनी तो मोहलत दो॥

मेरा दामन बहुत ही साफ़ है लेकिन मेरे हमदम
तुम्हें हक़ है कि तुम 'तालिब' को जो भी दाग़-ए-तोहमत दो॥

---

1. दुःख, पीड़ा 2. हुक्म / अनुमति 3. घमंड 4. तंगदिल, घटिया

92

मैं उसे वो मुझे देखता रह गया
आईना फिर कहाँ आईना रह गया!!

क़ुर्बतें[1] मिट गईं फ़ासला रह गया
हर ख़ुशी से यही राब्ता[2] रह गया!!

देर तक बस यही इक दिया रह गया
तू गया पर तेरा नक़्श-ए-पा रह गया!!

दरम्याँ अब हमारे भी क्या रह गया
सब के होटों पे ये तज़्किरा[3] रह गया!!

उड़ गया बैठ कर शाख़ से इक परिंद
पेड़ बेबस था बस देखता रह गया!!

फेंक दूँ या किसी के हवाले करूँ
दिल में सामान जो आप का रह गया!!

राहज़न को ख़बर मेरे मोहसिन[4] ने दी
घर का दरवाज़ा जब भी खुला रह गया!!

---

1. नज़दीकियाँ 2. संबंध 3. जिक्र 4. भलाई करने वाला / उपकारी

दोस्ती दुश्मनी में बड़ा फ़र्क़ है
ज़िंदगी में ये इक वाहिमा[5] रह गया!!

ज़ीस्त 'तालिब' की ऐसी ग़ज़ल बन गई
जिसके हर शेर में क़ाफ़िया रह गया!!

5. वहम / शुब्हा / भ्राँति

93

हवाओं को दिए की रौशनी से इश्क़ हो जाना
कि जैसे मौत ही को ज़िंदगी से इश्क़ हो जाना॥

कहाँ का हिज्र कैसा ग़म यही दस्तूर है हमदम
बिछुड़ते ही किसी से फिर किसी से इश्क़ हो जाना॥

नज़र हैराँ है दरिया की ज़बाँ सूखी है सहरा की
इसे कहते है ज़ालिम तिश्नगी से इश्क़ हो जाना॥

वो इक लड़की जिसे नफरत हमारे नाम ही से है
अजब इक हादसा है अब उसी से इश्क़ हो जाना॥

तसव्वुर के सहारे काट लेना उम्र कमरे में
हमें पूछो कि क्या है तीरगी से इश्क़ हो जाना॥

कोई उसकी तरह तो हो ज़रा तो मिलता जुलता हो
नहीं मुमकिन नहीं है जिस किसी से इश्क़ हो जाना॥

ये गिर्या[1] और ये नाले तड़पना और तड़पाना
अज़ाब-ओ- जान-ओ- दिल[2] है ज़िंदगी से इश्क़ हो जाना॥

ये दो इन'आम भी क्या कम है 'तालिब' ज़ीस्त[3] के मुझ पर
कि पहले यार से फिर शायरी से इश्क़ हो जाना॥

---

1. रोना 2. जान - और - दिल का दुख 3. ज़िंदगी

94

आज हर सम्त है मस्मूम[1] हवा रहने दो
अब दुआ देते रहो और दवा रहने दो॥

मैं गुनाहों में अटा हूँ तो अटा रहने दो
मुझ को गिनवाओ न तुम मेरी ख़ता रहने दो॥

उसके कहने से चराग़ों को कहूँ क्यों सूरज
इसलिए है वो ख़फ़ा गर तो ख़फ़ा रहने दो॥

अब तो रहज़न भी नहीं आते हैं घर के अंदर
अब तो दरवाजों दरीचों[2] को खुला रहने दो॥

दिल के सन्दूक में ज़ख़्मों के सिवा कुछ भी नहीं
उसको खोलो न मेरी जान ढका रहने दो॥

दिल संभल जाएगा या होश में आ जाएगा
चार छः रोज़ उसे यूं ही पड़ा रहने दो॥

तुम नहीं लेते किसी का भी दिया, है मालूम
जो दिया हमने, दिया है वो, दिया रहने दो॥

---

1. ज़हरीली 2. खिड़कियाँ

गर्दिशों को भी है मालूम चली आएंगी
उनको बतलाओ न तुम मेरा पता रहने दो॥

मैं रिहा करता हूँ हर शर्त-ए- मोहब्बत से तुम्हें
अब न शर्मिंदा करो अहद-ए-वफ़ा रहने दो॥

इस गुज़रगाह से गुज़रेंगे मुसाफिर 'तालिब'
दिल जलाया है तो फिर इसको जला रहने दो॥

95

हवाओं की, घटाओं की, फ़िज़ाओं की, न मौसम की
किसी दिन देख सूरत भी तू मेरे दिल के आलम[1] की॥

ज़रा से भी तग़ाफुल[2] से मकाँ ये टूट जाएगा
है इसके बाम-ओ-दर[3] रूई के और दीवार रेशम की॥

नज़र जब तक नहीं उसकी पड़ी सब ठीक ही तो था
के प्यासा हो गया सहरा गिरी जब बूंद शबनम की॥

कभी लड़ना कभी गिरना कभी गिरकर संभलना था
कहाँ फ़ुर्सत मिली हमको ज़रा गिर्या-ओ-मातम[4] की॥

मेरा हर ज़ख़्म दरमाँ[5] बन गया आहिस्ता आहिस्ता
ऐ चारागार! मुझे हाजत नहीं है और मरहम की॥

वो रहज़न आज भी मायूस ही लौटे मेरे घर से
जहाँ तक हो सका मैंने सहुलत भी फ़राहम[6] की॥

मेरी आँखों का वो मेहवर[7] भी था मरकज़[8] भी हासिल भी
न जाने क्यों मेरी जानिब नज़र उसने ही कम कम की॥

---

1. दशा / हालत / दुनिया 2. उपेक्षा / ध्यान न देना 3. छत और दरवाज़ा 4. रोना-धोना 5. इलाज 6. उपलब्ध 7. वह धुरा जिस पर पहिया घूमता है 8. जिस पर कोई चीज़ टिकी हो या जिसके गिर्द घूमती हो

जुदाई भी तेरी जानाँ दवा का काम करती है
जहाँ के ग़म भुलाती है जो दिल में टीस है ग़म की॥

ये कह दो रात से अब अपना दरवाज़ा खुला रक्खे
असीरान-ए-शहर[9] को जुस्तुजू है सरद मौसम की॥

उसी सैलाब में मेरे दमाग़-ओ-दिल हुए ग़र्क़ाब
ज़रा जौलानियाँ[10] तो देखिए उस चश्म-ए-पुरनम की॥

तेरी चौखट पे रखूँ सर? जबीं रगड़ूँ तेरे आगे?
तजस्सुस[11] ही नहीं करता कभी मैं इस्म -ए-आज़म[12] की॥

ख़ुशी देती है दस्तक जब तो ये घबरा सा जाता है
कि दिल को लत लगी है एक मुद्दत से तेरे ग़म की॥

---

9. शहर के बंदी 10. शक्ति या असर / दौड़ना 11. तलाश / प्रयास / जिज्ञासा 12. अल्लाह का नाम बड़ा है।

96

फूल, ख़ूश्बू गुलाब जैसी हो
तुम ग़ज़ल की किताब जैसी हो॥

वक़्त के साथ बढ़ता है नश्शा
तुम पुरानी शराब जैसी हो॥

उस को देखूँ गुनाह धुल जाए
जिस की सूरत सवाब जैसी हो॥

मैं सरापा[1] फ़क़त अंधेरा हूँ
और तुम माहताब[2] जैसी हो॥

ज़िंदगी है सवाल की सूरत
एक तुम ही जवाब जैसी हो॥

उस को देखूँ या फिर सुनूँ उसको
चश्म जिसकी ख़िताब[3] जैसी हो॥

हसरत-ए-दिल तुम से वाक़िफ़ हूँ
तुम भी मुफ़लिस[4] के ख़्वाब जैसी हो॥

---

1. पूरा, सर से पाँव तक 2. चाँद 3. गुफ़्तगू / बात-चीत में किसी की तरफ़ मुख़ातिब होना
4. ग़रीब

ज़िंदगी तुम मेरे लिए लेकिन
एक ख़ाना-ख़राब[5] जैसी हो॥

शहर-ए-दिल सर्द है अगरचे तुम
गर्मी-ए-आफ़्ताब जैसी हो॥

ज़िंदगी तुम पे मीर सच बोले
तुम सरापा हुबाब[6] जैसी हो॥

'तालिब'-ए-हुस्न क्या नहीं देगा
तुम तो इज़्ज़त-म'आब[7] जैसी हो॥

---

5. बदनसीब 6. बुलबुला 7. आदरणीय

97

क्यूँ दिन को समझते हो मेरी रात का मफ़्हूम[1]
क्या तुमने नफ़ी[2] समझा है इस्बात[3] का मफ़्हूम॥

तोहफ़ा कभी बन जाता है ख़तरात का मफ़्हूम
उल्टा ही समझ लें न वो सौग़ात[4] का मफ़्हूम॥

ये बात जुदा थी उसे पढ़ना नहीं आया
चेहरे पे मेरे लिक्खा था हालात का मफ़्हूम॥

आँखों से बहाए हैं समुंदर कई मैंने
तब जा के समझ आया है बरसात का मफ़्हूम॥

साहिल की कहानी तू सुना और किसी को
देता है मज़ा मुझको तो आफ़ात[5] का मफ़्हूम॥

वो ख़ुश नहीं आते हैं नज़र जीत पे अपनी
जो ख़ूब समझते हैं मेरी मात[6] का मफ़्हूम॥

ऐज़ाज़[7] दिए जाते हैं ख़िदमात[8] के जिन को
शायद वो समझते भी हो ख़िदमात का मफ़्हूम॥

ख़ामोश निगाहों को जो पढ़ लेते हैं 'तालिब'
वो कैसे न समझें तिरे जज़्बात का मफ़्हूम॥

---

1. अर्थ / अभिप्राय / भाव 2. नकारात्मक 3. सकारात्मक 4. उपहार 5. मुसीबतें 6. हार 7. सम्मान 8. सेवाएँ

98

कोई इतना भी क्यूँ ज़रूरी हो
ज़िंदगी जिस के बिन अधूरी हो॥

कोई हालत मज़ा नहीं देती
ला-शऊरी[1] हो या शऊरी[2] हो॥

मुझ को वो रात कर अता मौला
सर पे आँचल भी जिस के नूरी हो॥

आइए क़त्ल मुझको कर लीजे
आप की आरज़ू तो पूरी हो॥

आप भी आसमान छू लेंगे
सिर्फ़ लहजे में जी-हुज़ूरी हो॥

अब किसी का बदल न आएगा
सा'दी[3] हो उरफ़ी[4] हो ज़हूरी[5] हो॥

मैं वहाँ तक पहुँच नहीं पाया
मेरी ख़्वाहिश ये तुम से पूरी हो॥

---

1. अचेतन 2. चेतना / एहसास 3, 4, 5. शायरों के नाम

दरम्याँ मेज़ को हटा दीजे
क्या ज़रूरी कि अब ये दूरी हो॥

उसके किरदार पर नज़र रखिए
शक्ल-ओ-सूरत से लाख हूरी हो॥

हम वहाँ बोलते नहीं 'तालिब'
ख़ामुशी जिस जगह ज़रूरी हो॥

99

इल्ज़ाम कैसे कैसे रवानी को देते हैं,
नादाँ हैं, बहने की सज़ा पानी को देते हैं!!

आग़ाज़ का पता है न अंजाम की ख़बर...,
दावा है उस पे मोड़ कहानी को देते हैं!!

क्यों हमसे सर-फिरों को अंधेरा न हो अज़ीज़,
हम अपनी सुबह रात की रानी को देते हैं!!

यूँ तो हमारी चश्म-ए-तमन्ना[1] भी है नई,
ये कार-ए-ख़्वाबकारी[2] पुरानी को देते हैं!!

कहते हैं फूल ज़ख़्म को, चोटों को हम कली,
ख़ुशबू के नाम तेरी निशानी को देते हैं!!

इस में है रंग मीर का, 'तालिब', सो इस लिए,
तरजीह[3] लोग मिसरा-ए-सानी[4] को देते हैं!!

---

1. ख़्वाहिश भरी निगाह 2. ख़्वाब लेने का काम 3. प्राथमिकता 4. शेर की दूसरी पंक्ति

तन्हा शेर

मंज़िल थी दो क़दम पे मगर हम न चल सके
बस रास्तों के ख़म[1] के मुताबिक़ न ढल सके॥

***

ये शब गुज़री है हम पर तो चमक उट्ठे हैं सब के सब
सहर[2] होने दो देखेंगे सितारों दम तुम्हारा भी॥

***

आराइश-ए-फ़सील-ओ-मकाँ[3] से वो क्या करे
दिल जिसका उठ गया हो जहाँ से वो क्या करे॥

***

बज़्म-ए-तरब[4] में अपनी ज़रूरत तो थी नहीं
आए हैं ख़ाली जगहों को भरने के काम हम॥

***

आग़ाज़-ए-साल-ए-नौ[5] तो वो ही जनवरी से है
आख़िर में देख लेना दिसंबर ही आएगा॥

***

---

1. मोड़ 2. सुब्ह 3. मकान की सजावट 4. दुनिया / ऐसी महफ़िल जहाँ सब नाच रहे हों
5. नव-वर्ष का आगमन

कट रही है ज़िंदगी आराम से
यूँ कि फ़ुर्सत ही नहीं है काम से॥

***

फूलों की जुस्तजू है न ख़ूश्बू से इश्क़ है
वो क़ैस[1] हूँ मैं जिसको कि ऊर्दू से इश्क़ है॥

***

याद होता है सबक़[2] ख़ूब ये दोहराने से
एक दिन झूठ को सच मान लिया जाएगा॥

***

पिंजरा फ़लक[3] को मान के बैठा है वो परिंद
उसको बताया किस ने क़फ़स आसमान है॥

***

टकरा के आर पार बदन से हवा हुई
तन्हाईयों ने कर दिया है खोखला मुझे॥

***

1. मजनूं / दीवाना 2. पाठ 3. आसमान

ऐसा नहीं लबों पे मेरे प्यास अब नहीं
दरिया से चार बूँद मगर आस अब नहीं॥

***

रंग दुनिया का उस पे चढ़ ही गया
मेरे बेटे ने पहली गाली दी है॥

***

ना-कर्दा[1] गुनाही की सज़ा काटनी पड़ी
हमने गुनाह क्यूँ न किया ये मलाल है॥

***

किसी को दिल में रखते हो किसी के साथ रहते हो
ये मजबूरी है या है मस्लेहत[2] या फिर मुहब्बत है॥

***

तेरे सारे आशिक़ तेरी ज़ेबाई[3] से प्यार करेंगे
हम जैसे दीवाने रूह की गहराई से प्यार करेंगे॥

***

1. न की गई 2. समयानुसार नीति 3. सुंदरता

ज़ेहन में कैसे कैसे तसव्वुर आते हैं
बिस्तर पर लेटा हूँ पँखा देख रहा हूँ!!

***

दर्द होता है दर्द सहते हैं
हाल-ए-ख़स्ता[1] में ख़ुश ही रहते हैं॥

***

होते हैं हमकलाम[2] जब हम से
अपना दुख आइने भी कहते हैं॥

***

गया मुँह फेर कर वो शख़्स गर मिल जाए दोबारा
मिला कर मैं नज़र बातें करूँगा इंतिकामन[3] ही॥

***

पानी भी है उसी का उसी का गिलास भी
जाएगी सर छुपाने कहाँ मेरी प्यास भी॥

***

ऐ ज़िंदगी मैं थक गया आराम चाहिए
मेरा मुतालबा[4] है मेरी इल्तिमास[5] भी॥

***

1. बुरे हालात 2. आपस में बात करना 3. बदला की भावना से 4. दावा / माँग / अनुरोध 5. निवेदन